Inhalt

Prolog

»Wie lange, sagten Sie, waren Ihre Kinder nicht beim Zahnarzt???«

»Äh, der Kleine noch nie. Und der Große vor etwa zweieinhalb Jahren.«

Ich stand am Empfangstisch unserer Zahnarztpraxis – vor mir die Zahnarzthelferin, die mich entgeistert und meine Kinder mitleidig betrachtete. Auf einen Schlag fühlte ich mich ziemlich klein mit Hut. So als hätte ich mich gerade durch den gesamten Osterhasenvorrat der Kita gefuttert und plötzlich steht der Einrichtungsleiter mit wütendem Blick vor mir.

Die Zahnarzthelferin wieder: »Frau Groth, Ihr kleiner Sohn ist drei und Ihr Großer viereinhalb. Sie hätten schon mindestens viermal vor mir stehen müssen. Was haben Sie sich nur dabei gedacht?«

»Ist ja guhut. Ich hab's verstaaaanden!«, lag mir auf den Lippen – das hätte mein Großer jetzt vermutlich in seinem typischen leicht angenervten Sing-Sang-Sprech geantwortet –, aber ich biss mir auf die Zunge, bevor der Satz entfleuchen konnte. Stattdessen sagte ich im freundlichsten Callcenter-Agenten-Ton: »Aber jetzt sind wir ja da!«, und strahlte sie dabei an – mit der Bitte in den Augen, dass sie doch nun endlich mit ihrer Vorwurfslitanei aufhören möge.

Zum Glück war wenigstens auf meine Kinder und deren Beißerchen Verlass: Die Zahnärztin gab beiden ein 1-A-Siegel für ihre super gepflegten Zähne. Gott sei Dank!

Beim Gehen warf ich der Zahnarzthelferin einen übertriebenes Halogenstrahlen zu und dachte, ohne es auszusprechen: »Siehste! Prima Zähne dank Muttis Putz-disziplin – zumindest mehr oder weniger – und nicht dank der regelmäßigen Zahnarztbesuche.« Dennoch gelobte ich artig, dass wir bis zum nächsten Praxisbesuch nicht wie-der so lange trödeln würden. »Ich trage mir gleich, wenn ich zu Hause bin, für Juli in den Kalender ein: Zahnarzt-termin machen!«, versprach ich … Bis heute herrscht in der Juli-Spalte unseres Familienküchenkalenders übrigens gähnende Leere.

Ich könnte jetzt sagen: Weil ich einfach kein Mensch bin, der so weit im Voraus planen möchte, weil ich so sehr im Hier und Jetzt verankert bin und jeden kostbaren Mo-ment des Lebens bedachtsam und bewusst ausschlürfe, ohne mich dabei von lästigen Zukunftsgedanken ablen-ken zu lassen … Die Wahrheit ist: Ich hab schlicht und einfach vergessen, die Notiz einzutragen.

Am Abend nach dem Zahnarztbesuch, die Kinder schliefen schon, saß ich auf der Couch im Wohnzimmer – in der einen Hand einen Eierlikör im Schokowaffelbecher, in der anderen mein Handy – und dachte nach: Wie groß ist der Rabenmutterfaktor, wenn man vergisst, mit seinen Kindern zum Zahnarzt zu gehen? Ich kam zu dem Schluss: Auf einer Skala, auf der bei eins Super-Mom steht und bei zehn Rabenmutter bin ich eine … Zwei! Zwei minus? Na gut, wohl eher eine Drei. Aber schlechter nicht. Nur: Wer will schon eine Super-Mom sein? Die überambitionierten, über-eifrigen, oberschlauen Klassenstreber unter den Muttis … Nein, danke! Dann doch lieber gute Durchschnittsmama.

Ich knabberte meinen Schokobecher auf, scrollte mich auf dem Handy durch meinen Instagram-Feed – und in mir stieg sogleich der Groll auf, so dass ich zum Kühlschrank ging und ich mir noch ein Likörchen genehmigte. Seit ich Mutter bin, vertrage ich leider keinen Alkohol mehr. Nach ein paar Schlucken dröhnt mir sofort der Schädel. Nur nicht bei Eierlikör.

Ich nahm mein Handy wieder auf und klickte mich weiter durch die virtuelle Nabelschau. Teils aus privatem, teils aus beruflichem Interesse folge ich unter anderem einigen Blogger-Müttern und Promi-Mamis und schaue in loser Unregelmäßigkeit, was diese Ladys so posten. Eine von ihnen spazierte gerade mit ihrem von Kopf bis Fuß in Luxusmarken gehüllten Söhnchen durch die New Yorker Upper East Side. Eine andere präsentierte ihrer Follower-Schar die angeblich selbst gebackene und eigenhändig dekorierte Geburtstagstorte für ihre Zwillinge: ein dreistöckiges, frostblau-glitzerndes Kunstwerk, verziert mit Anna- und Elsa-Püppchen. Eine weitere gertenschlanke Mutti, die vor wenigen Monaten entbunden hatte, zeigte ihren Zuschauern in einem Video, mit welchen Bauch-Beine-Po-Übungen man »ganz easy peasy« schlank wird, wie sie selbst. Und dann gab es die Mutti, die mit ihren im Bioladen gekauften Lebensmitteln demonstrierte, wie man – im Handumdrehen, versteht sich – ein leckeres Lammragout mit Rote-Bete-Stampf auf Quinoa-Bett zauberte.

Das i-Tüpfelchen auf meiner Genervtheit bildeten schließlich die Fotos einer Model-Mutter, die gerade mit ihrer ganzen katalogschönen Rasselbande in einem Familien-Luxusresort in der Karibik Urlaub machte und Schnappschüsse am Pool, am Meer, unter Palmen, im Edelrestaurant et cetera zeigte und dabei unzählige Male den Namen des Luxusresorts erwähnte, damit auch der hinterletzte Depp schnallte, wo sie ihren Urlaub verbringt und ihr Werbepartner zufrieden ist.

Mich piept dieses inszenierte Angeber-Getue, dieser Selbstoptimierungswahnsinn, diese Seht-her-was-ich-Tolles-kann-Mentalität in den sozialen Medien so was von an! Aber Neid ist das Letzte, was ich dabei fühle. Da sitz ich doch lieber in meinem Garten, esse Selterswasserkuchen vom Blech, schaue meinen Kids beim Planschen im aufblasbaren Pool zu – und freu mich auf das Rostbrätel, das der Papa später grillen wird.

Was mir bei diesen Social-Media-Fotos einfach fehlt, ist die Authentizität, die Bodenständigkeit, die Ehrlichkeit – schlicht: das Stinknormale. Umso ausgeprägter erscheint mir der Narzissmus der jeweiligen Protagonisten. Heute scheint es wichtiger zu sein, wie man wirkt, und nicht mehr, wer man eigentlich ist. Ist es echt eine Schande, wenn man keine Superlative zur Selbsttitulierung findet? Dabei sind ganz viele Mütter weder megaschlank, noch megareich, noch megatalentiert, noch megakreativ, noch megairgendwas.

Ich bin keine dieser Super-Moms – nicht mal annähernd. Ich bin Durchschnitt. Mal guter Durchschnitt und mal darunter. Ich folge nicht jedem Trend, ich kaufe nicht jedes noch so angesagte Was-auch-immmer-Produkt, ich mache nicht jeden Hype mit – selbst wenn er vom populärsten Öko-Gesundheits-Familien-Experten empfohlen wird. Ich habe keinen Po wie Kim und keine Möpse wie Heidi, geschweige denn, dass ich danach strebe. Und vor allem versuche ich nicht, jemand zu sein, der ich gar nicht bin.

Ich hab Ecken und Kanten, Macken und Meisen. Ich mache Fehler, ich schwindele, ich bin vergesslich, ich bin launisch, ich fluche, ich lach mich tot, ich heule und ich schrei auch mal … Auch vor meinen Kindern. Weil normale Menschen all das tun. Und genau das will ich ihnen vorleben. Mami ist nicht perfekt, weil niemand perfekt ist. Auch nicht die, die so tun, als seien sie es.

Bevor ich ins Bad und dann ins Bett ging, tat ich das einzig Richtige, was ich schon längst hätte machen sollen: Ich klickte bei all den mich schon lange nervenden Influencer-Muttis, die mir viel zu viel wertvolle Lebenszeit geklaut haben, auf: »Nicht mehr folgen« und strich sie aus meinem Leben. Tschö, ihr weichgezeichneten, dreimal gefilterten Super-Moms. Und hallo, du echtes, manchmal verrücktes, manchmal rätselhaftes, manchmal krasses, in jedem Fall tolles Leben!

Ein verflucht großartiges Weihnachtsfest

VERDAMMTE-HACKE-MISTSCHEISSDRECK-AUUU-UUAAAA-VERFLUCHTER-HIMMEL-ARSCH-UND-FAAA-ACKKKKK! WANN HÖRT DAAAASSSS ENDLICH AUU-UUUUF! ICH HAAAAAAB KEINEN BOCK MEEEEEEEHR!

Es war der Heilige Abend und statt mich über Wiener Würstchen, Kartoffelsalat und Obstsalat herzumachen, lag ich im Kreißsaal und fluchte wie ein Bierkutscher. Die Geburt meines zweiten Sohnes stand kurz bevor, und ich krallte mich mit beiden Händen am rechten Haltegriff des Krankenhausbettes fest, schrie irgendwelchen Nonsens und führte mich wie ein Äffchen auf, das zu viele gegorene Kokosnüsse ausgeschlürft hat und sich entsprechend verrückt gebärdet. Der Liebste stand neben meinem Bett und kämpfte mit einem Gefühlschaos aus Hilflosigkeit, Panik, Fürsorge und auch Scham ob meiner peinlichen und ohrenbetäubenden Flucherei.

Doch ich war weder betrunken noch auf anderen Drogen – was ich in diesem Augenblick sehr bereute – denn die Schmerzen der Wehen, die mich minütlich durchpeitschten, waren – und das ist nicht übertrieben – unglaublich brutal. Ich musste in dem Moment an mein erstes und gleichzeitig letztes Waxing-Erlebnis denken. Die Kosmetikerin hatte, als sie mir die Haare herausriss und mir bei jedem Ratsch vor Schmerz Tränen in die Augen schossen, ungerührt gesagt: »Kinderkriegen tut mehr weh.« Damals, noch kinderlos, konnte ich mir nicht vorstellen, dass etwas mehr schmerzen könnte als dieses Haar-Massaker, und ich schwor mir, nie wieder einen Fuß in einen Waxing-Salon zu setzen. Jetzt wusste ich: Sie hatte recht. Kinderkriegen toppt dieses Schmerzerlebnis um Längen.

Leider hielt es die Hebamme nicht für nötig, mir, gleich nach unserer Ankunft eine PDA *(kurz für: Periduralanästhesie, zu deutsch: Hammer-Schmerz- und Betäubungsmittel, das im Bereich der Wirbelsäule, oberhalb des Hinterns »reingejagt« wird)* zu verabreichen, nach der ich lautstark und ohne jede höfliche Floskel gebrüllt hatte, was sonst gar nicht meine Art ist. Aber für Manieren hatte ich in dem Augenblick echt keine Kapazitäten mehr. Die Hebamme lehnte meine dezibelstarke Bitte jedoch mit den Worten ab, dass mein Muttermund erst einen Zentimeter weit auf sei und dass es für eine PDA noch viel zu früh sei. WHAT!?! Ich dachte, ich höre nicht recht. Seit früh um fünf kämpfte ich mit diesen verdammten Wehen, und nun, zwölf Stunden später, war dieser verdammte Muttermund erst einen winzigen Spaltbreit aufgegangen, obwohl ich mittlerweile alle drei Minuten von einem Uteruskrampf durchgerüttelt wurde!?! Ich brüllte die Hebamme an: »Vergessen Sie´s! Ich liege nicht noch stundenlang unter Schmerzen hier rum. TUN SIE WAS!!!« Trotz meines Tons, als sei sie meine Dienstmagd, lächelte sie nur milde und sagte: »Ich kann Ihnen gern ein paar Globuli gegen die Schmerzen geben.« »Ach du jemine,« dachte ich nur, »jetzt will sie mich wirklich hops nehmen!«

Denn Globuli und ich – wir werden in diesem Leben wohl keine Freunde mehr. Seit der Geburt meines Großen glaube ich nicht mehr an die wundersame Heilwirkung dieser Zuckermürmelchen. Mittlerweile halte ich – alle Anhänger der Homöopathie mögen mir verzeihen – den Verkauf von Globuli für reine Geldschneiderei. Aber diese Einstellung hatte ich nicht immer. Damals, als ich mit meinem Großen schwanger war, ließ ich mich im Geburtsvorbereitungskurs tatsächlich überzeugen, aus meiner Plazenta Globuli herstellen zu lassen. Die könne man dann bei bestimmten auftretenden Wehwehchen bei Mama und Kind einsetzen. Ja, das klingt sehr seltsam – und das ist es ja irgendwie auch. Noch vor der Entbindung – ich war gezwungen, einen Kaiserschnitt machen zu lassen, weil mein Sohn Kopf-oben-Popo-unten lag, einen zu großen Schädel hatte und sich die Nabelschnur um seinen Hals gewickelt hatte – reichte ich der anwesenden Schwester zwei Röhrchen, mit der Bitte, doch nach der Geburt kleine Stücke meiner Plazenta darin zu sammeln. Sie grinste nur. Offenbar musste sie dieser absurden Bitte in letzter Zeit häufiger nachkommen. Diese mit braunen Klümpchen gefüllten Röhrchen schickte ich dann wenige Tage nach der Entbindung in eine Apotheke und ließ für Unsummen an Euro Globuli in verschiedenen Potenzen anfertigen. Dazu gab es eine Übersicht, bei welchen Leiden man welche und wie viele Kügelchen einnehmen solle. Der Liebste war gleich skeptisch und fragte mich ernsthaft, ob ich noch ganz dicht sei, so viel Geld für solchen Käse zu verpulvern. Da ich aber eine vorbildliche Mutter sein wollte, die ihrem Kind nur das Beste zukommen lassen will, machte ich diesen Quatsch mit. Und was soll ich sagen? Die Murmeln zauberten weder die Blähungen noch die Erkältung meines Sohnes weg, noch halfen sie gegen den Milchstau, unter dem ich kurzzeitig litt, oder dämpften die schlafmangelbedingten Kopfschmerzen. Sie schmeckten lediglich ganz gut, zuckrig süß eben. Seither ist mein Glaube an überteuerte Globuli komplett und nachhaltig erschüttert. Vielleicht bin ich dafür aber auch einfach nicht esoterisch genug.

In diesem Geburtsvorbereitungskurs fühlte ich mich sowieso wie ein Alien. Alle anwesenden Muttis wollten entweder im Geburtshaus oder sogar zu Hause gebären. Ich war, neben einer weiteren Schwangeren, die noch haderte, die Einzige, die auf jeden Fall ins Krankenhaus wollte. Die Einwände der anderen Mütter, dass es doch im Krankenhaus so steril und klinisch sei und gar nicht kuschelig und heimelig, konnte ich nicht nachvollziehen. »Ich will doch dort nicht einziehen, sondern nur ein Kind kriegen. Und ich glaube, dem Kind ist es ziemlich wumpe, ob die Wand gegenüber weiß gestrichen oder mit zarten Gänseblümchen und einem Regenbogen bemalt ist. Es kann anfangs ja ohnehin nicht so weit gucken«, so mein Einwand. »Und außerdem, was mir viel wichtiger ist als das Muster der Tapete: dass im Notfall ein Arzt oder eine Ärztin bereit steht, um das Leben meines Kindes und auch meins zu retten.« Ich hatte zu viele Horrorgeschichten von Notkaiserschnitten gehört und wollte auf jeden Fall auf Nummer sicher gehen und einen Arzt in Rufnähe wissen. Am Ende der Schwangerschaft, als klar war, dass mein Sohn aufgrund seiner Lage sowieso ein Kaiserschnittkind werden würde, erübrigte sich die Frage nach Kreißsaal oder Geburtshaus sowieso.

Aber das war nicht der einzige Grund, warum ich in dem Kurs häufiger dachte, ich sei im falschen Film. Eine Mutter, sie hatte bereits zwei Kinder, erzählte zum Beispiel, dass sie diesmal auf jegliche Untersuchungen beim

Frauenarzt und der Hebamme verzichtete, weil sie diesen so persönlichen Prozess der Schwangerschaft ganz allein und für sich genießen und zu Ende bringen wolle. Ich fragte sie, warum sie dann hier im Kurs sei. Ihre Antwort: um mal Ruhe vor dem Rest der Familie zu haben.

Eine andere erzählte daraufhin, sie habe kürzlich ein Video von einer Frau gesehen, die ihr Kind allein im Wald geboren hatte. Und dass diese Idylle sie sehr inspiriert habe, ihr Baby auch in freier Natur zu bekommen. Ich fand das recht mutig, bei all den Füchsen, Luchsen, Wildschweinen und neuerdings auch Wölfen, die sich in unseren Wäldern so rumtreiben. Nicht dass ihr Baby noch wie Mogli endet und im tiefsten Thüringer Wald aufwachsen muss – allein unter Tieren, nach der Geburt im Moosbett unter einer Kiefer von einem Wolf entführt.

Den unglaublichsten Kursbesuch erlebte ich jedoch, als sich alles um das Thema ›Plazenta‹ drehte. Ich hatte mir bis dato noch nie groß Gedanken um den Mutterkuchen gemacht. Ich wusste, das ist ein quallenartiges rotbraunes rundliches Schwabbelding, an dem die Nabelschnur hängt und das ein paar Minuten nach der eigentlichen Geburt rausflutscht, nachdem es neun Monate mein Kind ernährt hat. Was man damit postnatal alles anstellen konnte, darüber hatte ich noch nie nachgedacht. Eine der werdenden Mamas erzählte, sie wolle ihre Plazenta mit heim nehmen, im Hofgarten verbuddeln und eine Sonnenblume darauf pflanzen. Unweigerlich sah ich einen Hund vor mir, der das Teil kurz darauf mit großem Appetit wieder ausbuddelte … Eine andere Mutter wollte Teile der Plazenta einfrieren und hin und wieder in ihr Essen mischen, weil das eine heilsame und immunstärkende Wirkung haben solle. Sie habe sogar schon im Netz leckere Smoothie-Rezepte gefunden. Ich würgte innerlich bei dem Gedanken an den blutroten Himbeer-Johannisbeer-Plazenta-Früchteshake. Doch die Krönung in der ganzen Plazenta-Diskussion war die Mutter, die ernsthaft über eine Lotus-Geburt nachdachte. Bis dahin hatte ich noch nie davon gehört. Ich kannte den Lotus-Sitz aus dem Yoga und eine Lotus-Blüte von diversen Bildschirmschonerbildern. Aber eine Lotus-Geburt? Klang ja erst einmal ganz hübsch. Die Hebamme klärte uns auf: Bei einer sogenannten Lotus-Geburt bleibt der Säugling auch nach der Geburt für ein paar Tage über die Nabelschnur mit dem Mutterkuchen verbunden, bis sich die Nabelschnur von selbst von dem Kind ablöst. Die frischgebackene Mama nimmt also zwei siamesisch verbundene Bündel mit nach Hause – in einem ihr Baby, in dem anderen die Plazenta. Vor meinen Augen tauchte ein schlafendes Baby auf und neben ihm lag – statt eines süßen Teddys – eine rotbraune, schwabbelige und glibschige Masse im Bett. Das hatte ja schon Albtraumpotential! Den Schreckensschrei konnte ich gerade noch unterdrücken. Sofort verbuchte ich Lotus-Geburt innerlich unter: No-No-No-Go!

Warum ich letztendlich den Unsinn mit den Plazenta-Globuli mitmachte, verstehe ich bis heute nicht. Vielleicht ließ ich mich darauf ein, um nicht als komplett spießig und konventionell vor den anderen Teilnehmerinnen dazustehen? Mittlerweile weiß ich: Ich bin einfach zu wenig Yoko Ono – und für Placebo-Effekte gänzlich ungeeignet.

Bei der Geburt meines Kurzen hatte ich also keine Plazenta-Röhrchen mit im Gepäck. Und die Globuli, die mir die Hebamme gegen die Schmerzen geben wollte, hatte ich natürlich vehement abgelehnt – obwohl ich tierischen

Jieper auf etwas Süßes hatte. Aber ich bin auch prinzipientreu. Statt der ersehnten PDA verpasste mir die Schwester einen Einlauf, der mich sofort zum Klo wanken ließ. Dort redete ich auf meinen ungeborenen Sohn ein und beschwor ihn, auf keinen Fall mehr noch lange in mir zu bleiben. Wenn mir schon der 24. Dezember durch die ununterbrochenen Wehenpeitschen ruiniert wurde, dann sollte er auch heute noch herauskommen. Ich tätschelte meinen prallen Bauch und versprach ihm das tollste Weihnachtsgeschenk – auf jeden Fall etwas mit vielen Knöpfen und das viel Lärm macht –, wenn er seine Mami nicht mehr so lange quälen würde.

Ich wankte zurück in den Kreißsaal und teilte dem Liebsten meinen Entschluss mit, unseren Sohn auf jeden Fall heute noch zu gebären. Und was tat er: Er lächelte genauso milde, wie es die Hebamme gerade getan hatte, nickte nur beruhigend, nahm mich in den Arm und sagte nichts! Das musste er auch nicht – denn der Zweifel an meiner Kampfansage war ihm fett ins Gesicht gedruckt. Ich war kurz davor, ihm in den Bauch zu boxen. (Später erfuhr ich, dass ihm die Hebamme gesagt hatte, wir sollten uns auf eine längere Wartezeit einstellen. Das traute er sich aber nicht, mir zu sagen. Dann hätte ich ihm vermutlich tatsächlich Muhammad-Ali-mäßig einen Zwerchfellhaken verpasst.)

Doch nun schwor ich mir: jetzt erst recht. Ihr könnt mich alle mal. Kleiner Zwerg, mach, dass du rauskommst! Ich blase zum Angriff!

In der folgenden Stunde stöhnte, schrie und fluchte ich so laut und hemmungslos, dass sich Herr Adolph Knigge und Fräulein Rottenmeier im Grab umgedreht hätten – und plötzlich, nach etwa einer Stunde, spürte ich einen unbändigen Druck und brüllte, mittlerweile heißer: »ER KOHOMMMMMMT!!!!« Der Liebste, die Worte der Hebamme noch im Kopf, dachte, ich verschaukle ihn, und beruhigte mich, dass das ja gar nicht sein könne. Ich kreischte ihn darauf an: »Wenn du jetzt nicht sofort die verdammte Hebamme holst, lasse ich mich scheiden.« Er zurück: »Das musst du nicht. Wir sind ja gar nicht verheiratet.« Aus Angst vor einer Eskalation lief er dennoch los und holte die Hebamme zurück. Sie schaute mir zwischen die Beine, tastete und wurde plötzlich ganz hektisch, denn: Ich hatte recht. Unser Sohn Nummer 2 hatte sich tatsächlich auf den Weg nach draußen gemacht! Ob's an meinem Versprechen lag, ihm das tollste Weihnachtsgeschenk zu machen, oder weil er keinen Bock mehr auf meine vulgären Flüche und mein hysterisches Geschrei hatte – wer weiß das schon. Auf jeden Fall befanden wir uns nun auf der Zielgeraden.

Leider fiel mir jetzt auf die Füße, dass ich während meiner zweiten Schwangerschaft nicht noch einmal einen Geburtsvorbereitungskurs besucht hatte. Erstens meinte ich, alles, was man wissen muss, schon zu wissen. Zweitens hielt ich es für vertane Zeit. Lieber ging ich in der Zeit Babysachen shoppen, die wir eigentlich schon im Überfluss hatten. Und drittens hatte ich schlicht und einfach keine Lust darauf. Diese überhebliche Ignoranz gegenüber dem »Hechelkurs« rächte sich nun: Ich hatte schlichtweg keine Ahnung, wie man bei Geburtswehen richtig presst. Ende vom Lied: Ich presste statt nach unten in den Schoß, nach oben in den Kopf und dachte dabei jedes Mal, mein Schädel zerplatzt mir. Da konnte der Liebste und die Hebamme noch so oft im Wechsel brüllen: NACH UNTEN PRESSEN! Ehe mein überfordertes Gehirn diese Info verarbeitet hatte, waren mir im Gesicht schon sämtliche Äderchen geplatzt und ließen mich aussehen, als hätte ich mir unzählige Akupunkturnadeln in die Haut gesteckt und danach mit Wucht herausgezogen. Aber irgendwann, es war so gegen halb acht Uhr abends, war es da: unser persönliches Christkind. Alles dran, gesund und munter. Nur ohne Heiligenschein. Dafür ausgestattet mit einem Mundwerk so laut wie meins und einem gesegneten Appetit. Merry Christmas, mein Kleiner!

Ich war so glücklich, dass es dem Fratz gut ging, und unglaublich erleichtert, dass diese Tortur endlich ihr Ende gefunden hatte. Kurz dachte ich an den Spruch, den ich immer wieder gehört hatte: »Wenn dein Kind erst mal da ist, dann vergisst du die ganzen Schmerzen.« Wer hatte sich diesen Schwachsinn eigentlich ausgedacht?!? Also ich werde mein Lebtag nicht vergessen, was ich an diesem Weihnachtsabend durchgestanden habe. Dieses Gefühl, als würde im Körper ein Sumoringer sitzen, der mit ganzem Körpereinsatz seinen Weg nach draußen erkämpft. Dennoch, und da schloss ich mich dann doch der Meinung aller Mütter an: Dieser kleine Kerl da in meinem Arm war die Qualen wert.

Einige Stunden nach der Geburt – der erste Weihnachtsfeiertag war schon angebrochen, der Kleine schlief friedlich in seinem Beistellbettchen und ich war noch völlig im Endorphinrausch und konnte nicht schlafen – schlurfte ich im Watschelgang erschöpft, aber glücklich zum Klo. Der Blick in den Spiegel beendete meinen inneren Höhenflug jedoch jäh. Ich starrte mich an und konnte kaum glauben, was ich da erblickte: Ich sah aus wie ein schlecht geschminktes Geisterbahngespenst, nur dass ich keinerlei Make-up im Gesicht hatte. Die Haut bleich, die Haare strähnig, die Augenringe dunkelgrau, die Augen rot und das ganze Gesicht übersät von kleinen roten Pünktchen, die an mein Press-Desaster erinnerten. Ach du liebe Güte! Nur gut, dass Neugeborene noch nicht so gut gucken können, sonst hätte sich mein Sohn sicher sofort eine neue Mami gesucht und von ihr adoptieren lassen. Vielleicht so eine wie Prinzessin Kate.

Wie diese Frau die Geburten ihrer drei Kinder weggesteckt hat, ist mir übrigens bis heute ein Rätsel. Kate präsentierte sich nur wenige Stunden nach ihrer Entbindung jedes Mal bildschön, top gestylt, perfekt geschminkt und glücksselig der Pressemeute vor dem Krankenhaus und zeigte der Welt ihren postpartalen Megakörper. Das einzige, was eventuell an eine eben hinter sich gebrachte Geburt erinnerte, war die klitzekleine Miniwölbung an ihrem Bauch, die ihr Designerkleidchen zart umspielte. Aber die hätte auch von einem ausgiebigen royalen Festmahl stammen können. Die Schmerzen und den mentalen und körperlichen Kraftakt, den sie gerade erst bewältigt hatte, sah man ihr nicht an. Keine Spur! Ich hätte nach keiner meiner zwei Geburten prinzessinnenhaft vor die Weltpresse treten können. Nach der ersten Geburt, dem Kaiserschnitt, hätte man mich im OP-Hemdchen vors Hospital schieben müssen. Tja, und das Gesicht nach meiner zweiten Geburt, vor dem ich mich gerade im Bad erschreckt hatte, wäre wohl nur für hämische Revolverblätter ein gefundenes Fressen gewesen. Alle anderen Pressefotografen hätten vermutlich aus Mitleid – oder auch vor Schreck – gar nicht erst auf den Auslöser gedrückt.

Ein kleines Prinzessin-Kate-Gefühl bekam ich dennoch, als gegen Mittag des 25. Dezembers eine Redakteurin und ein Fotograf der Lokalpresse ins Krankenhaus kamen, um über die frisch geborenen Weihnachtsbabys zu berichten. Obwohl ich keine große Lust darauf hatte, ließ ich mich zu einem Foto überreden. Mit mir hatte noch eine weitere Mama ihr Kind am Heiligabend zur Welt gebracht. Da saßen wir dann also mit unseren Babys im Krankenhausflur und lächelten schief in die Kamera. Ich redete mir ein, dass das Foto ja nur klein und in Schwarz-Weiß erschiene und man meine Horrorfratze dann eh nicht so genau erkennen könne.

Tags darauf blätterte ich durch die Zeitung, konnte mich und mein Kind jedoch nirgendwo entdecken. Stattdessen blickte ich in der Lokalspalte auf das Bild einer strahlenden Mutter, die im Krankenhausbett lag und ihr Kind liebevoll im Arm hielt. Ein tolles Foto, das musste ich anerkennen. Es zeigte die Mama und ihr Baby, mit der ich tags zuvor gemeinsam abgelichtet worden war. Das Presseteam hatte offenbar noch ein Foto mit beiden allein gemacht. Mein Sohn und ich wurden lediglich im Text beiläufig erwähnt. Ich fühlte mich kurz, als stünde ich ich vor Heidi Klums Schiedsgericht und müsste mir den unheilvollen Satz anhören: »Ich habe heute leider kein Foto für dich …« Aber wer konnte der Redaktion diese Entscheidung verdenken? Ich bin eben nicht Prinzessin Kate. Nicht mal annähernd. Ich seufzte, packte die Zeitung weg, nahm mein Handy und googelte: »Wie lange bleiben rote Presspunkte im Gesicht?«

Keinen Bock auf Nutella-Werbung

Während wir an der Entstehung unseres ersten Sohns eine Weile tüfteln und werkeln mussten, ist unser zweiter Sohn einfach so passiert. Das klingt naiv, und das ist es ja irgendwie auch. Denn natürlich habe ich in der Schule aufgepasst und die Dr.-Sommer-Seite in der Bravo gelesen und weiß, wie die Geschichte mit den Bienchen und den Blümchen im besten Fall ausgeht. Aber wenn man mal einen cineastischen Vergleich bemüht: Angenommen, die Produktion von »Matrix« hat anderthalb Jahre gedauert, dann gehen die Produzenten nicht davon aus, dass sich der Fortsetzungsfilm in nullkommanix abdrehen lässt. Nein, sie planen vermutlich ebenso viel Zeit ein wie für Teil 1. Mindestens.

Und genauso hätte auch ich mir die Herstellung von Kind Nummer 2 vorgestellt. Aber nix da, der Kurze wuchs schon in mir, da hatten wir noch nicht einmal über das Drehbuch des Fortsetzungsfilms nachgedacht. Der Wurm machte sich also zu einer Zeit in mir breit, da war ich noch nicht mal sicher, ob ich überhaupt noch ein zweites Kind möchte. Der Große war gerade mal zehn Monate alt und forderte mich ordentlich. Neben Haushalt und einigen Jobs, die ich nebenbei schon annahm, blieb mir kaum Zeit, über eine Erweiterung der Familie nachzudenken, geschweige denn, regelmäßig mit Papi an dem Projekt zu arbeiten. Der Kurze wand quasi die Überrumplungstaktik an, die mich anfangs lähmte, der ich mich dann aber fügte und die mich schließlich doch sehr erfreute.

Nicht einmal ein Jahr nach der Geburt meines Großen wurde mein Körper schon wieder fremdbestimmt: von diversen Hormonen und natürlich dem kleinen Klümpchen in mir. Ich hatte also gar nicht die Chance, mich wieder an Dolce Vita mit Eierlikör und Grauem Burgunder zu gewöhnen, denn nur wenige Wochen nach Ende der Stillzeit des Großen musste ich dem Alkohol schon wieder entsagen. Statt zum schweißtreibenden Yoga ging's jetzt abermals zum gemütlichen Schwangeren-Yoga. Und beim Japaner musste ich erneut auf die etwas öde schmeckende Avocado-Gurke-Sushi-Variante zugreifen und schweren Herzens auf mein geliebtes Lachs-Sashimi verzichten.

Als meine Murmel nicht mehr zu übersehen war, kamen natürlich von allen Seiten die Fragen nach dem Geschlecht unseres zweiten Babys. Keine Ahnung warum, aber ich war mir recht schnell sicher, dass da wieder ein Embryo mit Pipimatz in mir heranwuchs. Hellsehen konnte ich natürlich nicht, nennen wir es einfach mal mütterlichen Instinkt. Deshalb war ich auch kein bisschen überrascht, als mir der Zoom am Ultraschallgerät meiner Frauenärztin genau diese Vermutung bestätigte. Ich haderte keine Sekunde damit, weil ich noch nie zu den Frauen gehört habe, die sich Hand in Hand mit einem blonden Mädchen mit geflochtenen Zöpfen und einem Blumenkleid über die Wiese rennen und Blumenkränze binden sah. Ein Mädchen stand also nie auf meiner Wunschliste. Ein Junge aber auch nicht. Was ich wollte, war ein gesundes Kind – ob nun mit oder ohne Zipfel oder Zöpfe. Ein Mädchen wär schön gewesen, aber so war's auch in Ordnung. Und zugegeben auch geldbeutelfreundlicher: Denn für einen Jungen hatten wir ja bereits alles. Und so freute ich mich, dass mir zukünftig zumindest der nervige Bibi-,Tina-, Elsa-, Anna- und Conni-Kram erspart bleiben würde und sich niemand später an meinem Kleiderschrank vergreifen würde.

Ich hatte mein Schicksal, eine zweifache Jungs-Mama zu werden, also sehr schnell angenommen. Das sah man in meinem Umfeld jedoch gar nicht so lässig. Häufig musste ich mir Sachen anhören wie: »Was, noch ein Junge ... Ach Mensch, das tut mir leid. Du hast dir doch sicher noch ein Mädchen gewünscht, oder?« Ich dann immer: »Neihein! Hab ich nicht!« Aber irgendwie wollte mir das kaum jemand glauben. Als sei nur die Tochter-Sohn-Kombination erstrebenswert und eine Familie mit zwei Jungs dagegen ein mitleiderregendes Trauerspiel. Ich musste unzählige Male erklären, dass sich nicht jede Frau das bilderbuchhafte Mutter-Vater-Tochter-Sohn-Modell aus dem Nutella-Werbespot wünscht und dass mir die Gesundheit meines Kindes wichtiger sei als das Geschlecht.

Jedes Mal wenn ich in so ein Gespräch verwickelt wurde, tat mir der Kleine im Bauch unfassbar leid, und ich hoffte inständig, dass er gerade pennte und nichts von dem Unsinn mitbekam. Nach so einer Diskussion tätschelte ich dann immer mit übertriebener Inbrunst meine Kugel und versicherte dem Bewohner darin, dass ich froh bin, dass er ein Junge sei, und dass ich mir genau das gewünscht habe. Ich wollte damit einfach ausschließen, dass er schon jetzt mit einer pränatalen Belastungsstörung zu kämpfen hatte.

Mit der Geburt des Kurzen endeten diese Sprüche zum Glück. Nun waren wir also zu viert – und das geschlechtliche Ungleichgewicht lag bei 3:1. Doch nur, weil ich schon einmal einen Jungen bekommen hatte, bedeutete das nicht, dass ich das komplett gleiche Programm noch einmal genauso abspulen konnte wie in Teil 1. Denn auch wenn meine Jungs das Pipimatz-Schicksal teilen, sind sie dennoch grundverschieden. Und auch ich habe mich bei Sohn Nummer 1 komplett anders verhalten als bei Sohn Nummer 2.

Denn als ich mit unserem Kurzen ein paar Tage nach seiner Geburt nach Hause kam, wartete da kein entspanntes Wochenbett auf mich, sondern ein quirliger Anderthalbjähriger, der kaum sprechen konnte, noch in die Windeln kackte, dessen Nacht-Nucki ich regelmäßig abkochen musste und der genauso viel Fürsorge und Liebe brauchte wie sein kleiner Baby-Bruder. Ich hatte zwar keine Zwillinge, aber manchmal, wenn beide zeitgleich nach mir plärrten oder beide im selben Moment eingekackert hatten, fühlte es sich genau so an.

Meine leisen Befürchtungen, nach der Geburt wieder ins Tal des Babyblues gezogen zu werden, wie bei Kind Nummer 1, entpuppten sich glücklicherweise dieses Mal als völlig unbegründet. Vielleicht lag es daran, dass ich mit zwei Kleinkindern an der Backe schlichtweg keine Zeit für düstere Grübelmomente hatte.

Eigentlich würde ich mich als sonniges und optimistisches Gemüt bezeichnen – nicht umsonst schleppe ich den Spitznamen Susi Sonnenschein bis heute mit mir rum. Deshalb hätte ich auch niemals gedacht, dass mir die Geburt unseres ersten Sohnes so dermaßen den Boden unter den Füßen wegreißen könnte.

Ich hatte zuvor zwar schon vom Babyblues und postnatalen Depressionen gehört, war aber immer der Meinung, ich sei dafür nicht anfällig. Pustekuchen!

Nur ein paar Tage nach der Entbindung – wir waren wieder daheim und gerade dabei, uns in den Alltag ›einzugrooven‹ –, da tat sich unter mir ein großer schwarzer

Höllenschlund auf, der mich vollständig einsog. Ich saß von jetzt auf gleich mitten im Tal der Tränen ... Ich verstand die Welt nicht mehr. Ich, die positive Glas-ist-immer-halb-voll- und Mir-kann-keiner-was-Type, die sich sehnlichst ein Kind gewünscht hatte, saß nun heulend auf dem Sofa und stellte ihr ganzes Leben in Frage: Kann ich eine gute Mutter sein? Will ich überhaupt eine Mutter sein? Werde ich der Verantwortung gerecht? Wo bleibe ich in dem Spiel? Und kann ich jetzt überhaupt noch allein das Haus verlassen? Solche und andere Fragen stellte ich mir. Ernsthaft. Als mich in dieser Zeit einmal eine damals noch kinderlose Freundin besuchte, hübsch zurechtgemacht, mit Farbe auf den Nägeln und im Gesicht, schluchzte ich sie an: »Du siehst so schön aus. Ich werde nie wieder Zeit haben, meine Nägel zu lackieren, mich zu schminken oder schöne Sachen zu kaufen. Weil ich jetzt komplett fremdbestimmt bin und kein eigenes Leben mehr habe ... Heul. Schnief. Seufz.« Und in diesem Moment glaubte ich diesen Blödsinn wirklich.

Mein Über-Ich wusste natürlich, was da gerade in mir abging, und dass nur die Hormone schuld an diesem Elend waren, dennoch fand ich nicht die Stopp-Taste für mein Dauergejammer. Der Endorphinrausch, der mich gerade noch auf Wolke 7 katapultiert hatte, hatte nun einem Cortisol-Überschuss Platz gemacht, der mich vom Himmel runter in die Hölle klatschen ließ. Genauso musste sich eine Depression anfühlen, und ich war froh, als ich ein paar Tage später wieder Licht am Horizont sah und Stück für Stück zu meinem alten Ich zurückfand. Zumindest fast.

Bis dahin war ich eigentlich eine Frau, die sehr auf ihr Bauchgefühl vertraute. Ich hielt mich für souverän, wenig grüblerisch und recht pragmatisch. Statt Lebensratgeber zu lesen, konsumierte ich lieber Thriller, Biografien oder seichte Frauenromane. Doch nun, in meiner Rolle als frischgebackene Mutter, entdeckte ich plötzlich ganz neue Seiten an mir. Ich fing an, Babyratgeber zu verschlingen: »Babyjahre«, »Baby – eine Betriebsanleitung«, »Babys erstes Jahr« und »Oje, ich wachse« – all die Klassiker fanden sich innerhalb kürzester Zeit in meinem Bücherregal ein. Warum? Damals hätte ich geantwortet: weil ich nur das Beste für mein Kind will. Heute würde ich es eher so formulieren: weil ich komplett unsicher, hilflos und überfordert war. Jeden Tag stellte ich mir Fragen wie: Warum schreit mein Kind jetzt? Hat es Bauchweh? Ist es ihm zu warm, oder ist er einfach nur müde? Wie oft sollte ich mein Kind stillen? Und dann nur eine Brust oder immer beide? Wie oft am Tag schläft ein Baby? Wann lege ich es abends hin? Braucht mein Baby schon einen Rhythmus? Muss ich es nachts jedes Mal stillen, wenn es wach wird, oder reicht es, ihn umherzutragen? Was ziehe ich ihm an? Ist der Schlafsack zu dünn oder zu dick? Wasche ich es in der Badewanne oder lieber auf dem Wickeltisch? Wie halte ich mein Kind am besten? Lieber Trage oder Wickeltuch? Oder am besten Kinderwagen? Ab wann beginnt eigentlich Fieber? Nehme ich Babyöl, Babycreme oder gar nichts? Oder alles im Wechsel? Und wie war das noch mal mit dem plötzlichen Kindstod?

Puh, vor lauter Fragen, die ich selbst täglich auf mich niederprasseln ließ, wurde ich immer unsicherer. Leider halfen mir auch die angeschafften Bücher nicht wirklich weiter. Entweder waren die Antworten zu vage oder sie widersprachen sich, oder ich fand erst gar keine. Ich war hilflos und rief regelmäßig bei meiner Freundin an, die wenige Wochen zuvor ihr zweites Kind bekommen hatte und deutlich erfahrener und abgeklärter war als ich, und fragte sie Löcher in den Bauch. Was ich dabei nicht bedachte: So sehr wir Erwachsene uns unterscheiden, so verschieden sind auch Kinder. Was das eine Baby mag, verachtet das andere. Was bei dem einen Baby klappt, misslingt bei dem nächsten. Ihr Kind gab sich mit drei langen Trinkeinheiten tagsüber zufrieden, mein Sohn hing mir gefühlt ein Dutzend mal an der Brust – pro Tag. Ihr Sohn schlief problemlos im Kinderwagen ein, meiner verlangte jedes Mal nach der Babytrage … Je mehr ich las und herumfragte, umso verwirrter wurde ich.

Der Liebste war deutlich souveräner im Umgang mit unserem Erstgeborenen, obwohl die Elternschaft ja auch für ihn eine Premiere war. Doch trotz meiner eigenen Dauer-Unschlüssigkeit meinte ich, er hätte noch weniger Ahnung von Babys als ich. Was er sich in dieser Zeit an Belehrungen und Ratschlägen von mir anhören musste! Zieh dem Kind noch eine Jacke an. Vergiss nicht, sein Köpfchen zu stützen. Und ja nicht ohne Mützchen rausgehen. Und um Gottes willen, vergiss bloß nicht, seinen Nucki heiß abzuspülen, wenn er runtergefallen ist … Dass ich damals ständig Frau Schlau-Schlau raushängen ließ und ihn dermaßen bevormundete, tut mir rückblickend sehr leid. Ist ja nicht so, dass er selbst bei zehn Grad Celsius das Haus ohne Jacke verlassen würde. Warum ich dachte, er zöge seinem Sohn keine an, kann ich mir selbst nicht erklären. Er nahm – und das rechne ich ihm hoch an – meine temporäre Hysterie meistens mit stoischer Gelassenheit hin. Vielleicht betrachtete er mich auch eher aus beruflicher Perspektive: Er ist Psychologe und mit charakterverändernden Hormonschwankungen bestens vertraut.

Zum Glück – für ihn und mich – nahm meine Hysterie im Laufe der Monate immer mehr ab. Selbst die Ankunft unseres zweiten Kindes warf mich nicht völlig aus der Bahn. Obwohl ich nun deutlich mehr Alltagsstress zu bewältigen hatte, war ich dennoch gelassener und selbstbewusster als nach der ersten Entbindung. Die Babyratgeber verstaubten ungenutzt im Regal, und mit meiner Freundin wertete ich lieber die Trennung von Angelina Jolie und Brad Pitt aus, als über Stillfrequenzen und die Bedeutung der Farbnuancen von Babykacka zu philosophieren. Ich hörte viel mehr auf mein Herz und meinen Bauch und weniger auf externe Tipps und Ratschläge. Erst recht nicht auf die, die ich ungebeten und ungefragt bekam. Und das kam häufiger vor, als mir lieb war. Als ich einmal mit meinem Kurzen in der Trage unterwegs war und in der Post in der Schalterschlange anstand, beschimpfte mich plötzlich eine ältere Frau, was ich meinem Kind hier antäte. Es würde doch in der Trage jämmerlich ersticken. Hätte ich da mit meinem ersten Sohn gestanden, hätte mich das möglicherweise tangiert. So antwortete ich nur trocken: »Keine Sorge. Gleich wenn ich das Paket hier abgegeben habe, gehe ich zur Polizei und stelle mich.« Alle anderen in der Schlange fanden's komisch, meine Gesprächspartnerin leider nicht. Sie schimpfte so lange weiter, bis sie an den Schalter gerufen wurde. Ich flüsterte meinem schlafenden Sohn daraufhin zu: »Das nennt man Xanthippe. So eine bringst du mir bitte niemals nach Hause!«

Damit der Kurze und auch ich mal etwas anderes sahen als unser Zuhause, den Drogeriemarkt und die Post, besuchte ich mit ihm, als er sechs Monate alt war, einen so genannten PEKiP-Kurs. Das hatte ich auch schon mit dem

Großen anderthalb Jahre zuvor gemacht. PEKiP steht für »Prager-Eltern-Kind-Programm« und ist ein hochkomplexes sozialpädagogische Konzept, das den kindlichen Bewegungs- und Spieldrang und den Erfahrungsaustausch der Eltern fördern soll.

Für mich war PEKiP einfach ein netter Krabbelkurs, der Babys die Möglichkeit gab, mal nackig herumzurobben und die Welt zu erkunden. Das Konzept dahinter war mir, ehrlich gesagt, völlig schnuppe. Und auch ich wollte mal was anderes erleben. Hätte ich gewusst, dass die Muttis – anders als in dem Kurs achtzehn Monate zuvor – mehrheitlich ausschließlich an babyrelevanten Themen interessiert waren, zum Teil mit radikalen Ansichten, hätte ich mir das mit der Anmeldung noch mal überlegt. Aber so fügte ich mich vorerst meinem Schicksal und hörte interessiert zu, wenn es um Milchschorf (entfernen oder drauflassen?), die korrekte Einführung von Breimahlzeiten (»Also wie war das: mit Möhren- oder lieber mit Pastinakenbrei beginnen …?«) und den Nettigkeits- und Fähigkeitsfaktor der verschiedenen Kinderärzte unserer Stadt ging (»Also der Dr. Schießmichtot hat meinen Baldrian bei der U3 so grob am Popo gepackt. Da geh ich nie wieder hin …«).

Im PEKiP-Kurs hörte ich dann auch zum ersten Mal von Attachment Parenting. Da ich kaum noch Babyliteratur zur Hand nahm, war mir der Begriff, der so viel bedeutet wie bindungsorientierte oder bedürfnisorientierte Erziehung, noch nie untergekommen. In dem Krabbelkurs wurde ich jedoch auf sehr »charmante« Art und Weise darauf aufmerksam gemacht. Dort entbrannte nämlich die Diskussion, ob ein Kind im elterlichen Bett oder im eigenen Bett schlafen solle. Die Gruppe war darin geteilter

Ansicht. Ich gehörte zu der Mutti-Partei, die es bevorzugt, wenn der Säugling im eigenen Bett neben dem Ehebett schläft. Ach du meine Güte, was ich und meine Partei-Genossinnen uns da von der Gegenfraktion anhören mussten! Wir seien egoistisch und ignorant, und dass das so gar nicht AP-konform sei … AP-was? Ich hatte nicht die Spur einer Ahnung, wovon sie da sprachen. Aber es klang so, als hätten wir gegen unzählige Gesetze verstoßen.

Ich zückte mein Smartphone und las: »Der Begriff Attachment Parenting (kurz: AP) geht zurück auf den amerikanischen Kinderarzt Prof. Dr. William Sears, der sein Theorien in den 90er Jahren verbreitete. Seine These: »Kinder, die eine sichere Bindung erfahren haben, wachsen zu gesunden und emotional stabilen Individuen heran.« Klingt logisch. Eigentlich so logisch, dass ich dafür nicht Herrn Sears gebraucht hätte, sondern nur meinen gesunden Menschenverstand.

Aber das war's noch nicht. Um dieses Ziel zu erreichen, legte Herr Sears allen Muttis einen Handlungskatalog ans Herz, der aus den sieben »Baby-B's« bestand:

1. Birth Bonding (der sofortige Körper- und Augenkontakt zwischen Mutter und Kind)
2. Breastfeeding (bedarfsorientiertes Stillen)
3. Babywearing (möglichst häufiges Tragen des Kindes)
4. Bedsharing (gemeinsames Schlafen im Familienbett)
5. Belief in Baby's Cries (das Ernstnehmen von Geschrei als Ausdruck eines Bedürfnisses)
6. Beware of Babytrainers (Ablehnung von Schlaftrainingsprogrammen)

7. Balance and Boundaries (Wahrung einer Balance aller Familienbedürfnisse und Beachtung eigener Grenzen).

Manche der B's leuchteten mir ein, andere nicht. Denn ein Kind funktioniert weder auf Knopfdruck, noch funktionieren alle Kinder gleich. Und selbstverständlich würde auch ich mein Kleinkind nicht ewig schreien lassen. Aber wenn es gewickelt und satt ist und ich gerade tropfnass in der Dusche stehe, dann muss ich nicht sofort aus der Kabine hüpfen und es an die Brust drücken, nur weil es Herr Sears so verlangt. Mein Kind sieht mich, es hört mich und gleich ist Mami ja wieder da und kuschelbereit.

Nachdem ich mich also bei Wikipedia belesen hatte, sagte ich in die Gruppe: »Also ein paar Punkte von Herrn Sears finde ich ja okay. Aber man kann die Fürsorge auch übertreiben.« Ach herrje, da hatte ich ja was geäußert. Sofort bekam ich von der AP-Anhängerschaft die volle Breitseite zu spüren. Wie könne ich so was sagen? Was sei ich nur für eine Mutter!?! Ich sei beim Thema Einwanderung bestimmt auch nur »in ein paar Punkten gegen Ausländer«. Das ginge aber nicht. Ein bisschen Nazisein gäbe es nicht. Und bei AP sei das genauso. Ein bisschen AP, das gebe es nicht! Rumms! Hätte nur noch gefehlt, dass sie sagten, ich sei ein Fall fürs Jugendamt, weil sie das Wohl meines Kindes ernsthaft bedroht sähen.

Ähnlich wie im Geburtsvorbereitungskurs fühlte ich mich – wieder einmal – wie im falschen Film. Dennoch konnte ich diesen Unsinn nicht unkommentiert im Raum stehen lassen. Ich also: »Bis eben dachte ich, wir leben in einer Demokratie. Aber gerade fühlt es sich hier ein bisschen autokratisch an … Soweit ich diesen Herrn Sears verstanden habe, ist dieses AP kein Dogma, sondern eine Art Leitfaden. An dem kann ich mich orientieren – muss es aber auch nicht. Und nur weil mein Kind im eigenen Bettchen pennt und ich es nicht 24/7 herumschleppe, bin ich doch noch lange kein Rabenmutter-Nazi!«

Die Diskussion ging munter weiter – irgendwann hatte ich jedoch genug. Und wollte nur noch raus. Außerdem hatte ich tierischen Hunger bekommen und leider versäumt, mir zu Hause einen Schokoriegel in die Wickeltasche zu werfen. Wenn mein Blutzuckerspiegel jedoch zu sehr absinkt, verwandle ich mich in eine entsetzliche Furie. Das wollte ich mir und auch den anderen Kursteilnehmerinnen lieber ersparen. Also schnappte ich mir meine Sachen und mein Kind und – griff ins Nasse. Mein Sohn hatte auf die Gummimatte gepieselt. Und ich, die Rabenmutter, hatte es noch nicht einmal gemerkt.

Nach diesen seltsamen Anderthalbstunden hatte ich endgültig genug und strich den PEKiP-Kurs aus unserem Wochenplan. Stattdessen rollte ich nun jeden Donnerstagvormittag zwei Yogamatten in unserem Wohnzimmer aus, legte ein paar lustige Tast-, Lutsch- und Schüttelerlebnisse mit hin, lud eine Freundin und ihr Baby zu uns ein und veranstaltete mit meinem Kind unseren eigenen PEKiP-Kurs. AP-Diskussionen waren verboten. Der Kühlschrank war immer gut gefüllt. Und auf die Matte zu pinkeln war ausdrücklich erlaubt.

Kampf um den Milchbar-Stammplatz

Was die Babyernährung betraf, genoss ich die ersten Monate mit meinen Kindern sehr. Weil es so einfach war. Wie schon sein großer Bruder war auch der Kurze von Anfang an ein extrem trinkfreudiges Stillkind. Hatte er Hunger, musste ich nichts weiter tun, als den Pulli zu lupfen und die Milchbar anzuschmeißen. Das war extrem kostensparend, machte keinen Aufwand und war immer verfügbar. Und außerdem: Es verbrannte Unmengen an Kalorien. Je mehr mein Sohn trank, umso mehr Hunger bekam ich und umso mehr aß ich. Halleluja! Das war ein Leben: Futtern ohne Reue! Da waren schon mal drei Kohlrouladen im Nu verputzt und der Inhalt eines dreiviertel vollen Nutellaglases verdrückt. Nur das Beste fürs Kind, dachte ich, und kratzte dabei die letzten Krümel aus der 350-Gramm-Studentenfutter-Tüte. Jedes Kind braucht schließlich genügend Omega-3-Fettsäuren.

Da mir die Natur eine sehr hohe Schamgrenze mitgegeben hat, machte es mir auch nichts aus, meine Kinder außerhalb unserer vier Wände zu stillen. Es nicht zu tun, wäre auch superdämlich gewesen, denn angesichts der Trinkfreudigkeit beider Söhne hätte ich das Haus gar nicht mehr verlassen können. Obwohl ich in der Öffentlichkeit jedes Mal züchtig meine Milchbar mit einem Tuch verdeckte, musste ich mir häufig blöde Kommentare gefallen lassen. »Muss das sein, dass Sie hier am Spielplatz ihr Kind stillen?«, fragte mich eines Tages eine Großmutter, die mit ihrem Enkelkind eben diesen Spielplatz besuchte. Ich war mit beiden Kindern da, und während der Große im Akkord rutschte, stillte ich den Hungerdurst des Kurzen. Sie weiter: »Ihr Verhalten irritiert doch alle Kinder hier. Sie sollten sich was schämen.« Ich schaute an mir runter: kein Fitzelchen nackte Haut war zu sehen. Ich schaute mich um und sah ausschließlich in ihr Spiel vertiefte Kinder, die mir keinerlei Beachtung schenkten. Auch ihr Enkelsohn war längst dabei, das Klettergerüst zu erklimmen und hatte mich keine Sekunde lang angestarrt. Dann schaute ich die Dame an und sagte: »Wenn ich mir Ihren prächtig geratenen Enkelsohn so anschaue, sagt mir das, dass auch seine Mutter immer gut darauf geachtet hat, dass er ordentlich satt wird und gut gedeiht ... Nichts anderes tue ich ... Und nun entschuldigen Sie mich, ich würde gern weiter in Ruhe mein Kind ernähren. Konfliktreiche Gespräche beim Stillen können bei Kleinkindern traumatische Koliken auslösen. Und das würde ich gern vermeiden.« Sie schaute mich entrüstet an und verzog sich.

Der große Nachteil an der Trinkfreude meiner Kinder war, dass sie auch nachts nicht aufhörte. Was ich tagsüber so großartig fand, verfluchte ich um zwei Uhr morgens, wenn ich mich zum dritten Mal in der Nacht aufsetzte, um als Durstlöscher für meinen Sohn herzuhalten. Natürlich rumste es danach auch ordentlich in seiner Hose, so-dass ich mit ihm schlaftrunken zur Wickelkommode trottete, um, wie in Trance, seine Buchse zu wechseln. Hatte ich Glück, geschah es nur einmal pro Nacht. Hatte ich Pech und die Windel nicht straff genug zugeklebt, griff ich bei der nächsten Stilleinheit ins Nasse – oder schlimmer noch: ins Matschige.

Wenn ich dann am nächsten Vormittag hundemüde mit einer Freundin und deren Kind im Café saß und sie mir erzählte, dass sie kam glauben könne, wie gut und lange ihre viermonatige Tochter schon schlafe und dass sie deshalb manchmal überprüfe, ob sie noch atme – was sie natürlich tat –, da wurde ich zugegeben innerlich dunkelgrün vor Neid. Denn so sehr ich es genoss, meinem Lieblingshobby, dem Essen, uneingeschränkt frönen zu können, so sehr vermisste ich mein zweitliebstes Hobby: das Schlafen!

Obwohl ich aufgrund der vielen nächtlichen Stilleinheiten mittlerweile unter dem chronischem Fatigue-Syndrom zu leiden schien, sehnte ich das nächste Ernährungskapitel, die Einführung der Breimahlzeiten, trotzdem nicht herbei. Und das nicht nur, weil ich mit dem Einläuten der Breizeit meine eigene Völlerei langsam beenden musste – was mir, so sagte es zumindest die Waage, sehr schwer fiel. Sehr schwer! Ich war auch aus anderen Gründen kein Fan der Breiphase. Denn im Gegensatz zu Muttermilch ist Brei nicht ständig verfügbar, nicht kostenfrei und er hinterlässt Flecken, die einen wahnsinnig machen – vor allem Möhrenbrei und die daraus resultierende Möhren-Kacka. Da muss man selbst mit der schärfsten Gallseife ewig rubbeln.

Deshalb war ich damals heilfroh, als mein Großer so mit zehn, elf Monaten endlich anfing, am Brötchen zu katschen, am Apfel zu nagen und eine Wiener zu mümmeln und ich ihn nicht mehr mit Kartoffel-Pastinaken- und Hirse-Apfel-Brei füttern musste. Für ihn war es ein großer Schritt in die Selbständigkeit, und mir blieb eine ungeliebte Aufgabe erspart. Leider sollte das Brei-Kapitel nun mit meinem Kurzen in die nächste Runde gehen.

Bei meinem Großen hatte ich mir anfangs noch die Mühe gemacht, jede Mahlzeit selbst zuzubereiten. Nicht weil ich Freude daran hatte, sondern um mein Gewissen zu beruhigen, denn alle Mütter aus dem PEKiP-Kurs taten das auch. Zumindest behaupteten sie das. Ihre Mülltonnen hab ich natürlich nicht nach Hipp-Gläschen durchwühlt, um sicher zu gehen, dass sie nicht flunkerten. Hätten sie es bei mir getan, wäre ich überführt gewesen. Denn vom täglichen Karottenpürieren und Süßkartoffelzerstampfen war ich schon sehr bald wieder abgekommen und fand mich stattdessen jede Woche vor dem Brei-Regal im Drogeriemarkt wieder. Zum einen hatte ich einfach keine Lust mehr, stundenlang in der Küche zu stehen: denn von einer Breimahlzeit am Tag ging es bald auf vier Rationen hoch (früh der Obst-Getreide-Brei, mittags der Gemüse-Fleisch-Brei, nachmittags der Obstbrei und abends der Milch-Getreide-Brei), und man konnte die Küche gar nicht mehr verlassen. Zum anderen hatte mein Großer mit deutlich größerem Appetit die Fertig-Breie verzehrt als meinen selbst zubereiteten Kartoffel-Möhren-Stampf. Offenbar hatte er schnell gemerkt, dass Mami keine große Leuchte in der Küche ist.

Als uns eine der Muttis aus dem PEKiP-Kurs, den ich mit dem Großen besuchte, einmal zu einer Krabbelrunde in ihr Zuhause einlud, erblickte ich bei einem Wohnungsrundgang in ihrer Küche ein riesiges Ungetüm, das ich noch nie zuvor gesehen hatte. Die Frage, was das denn sei, musste ich gar nicht erst stellen, denn schon schrillte es neben mir: »Oh, du hast auch einen Thermomix. Wie toll! Ich hab mich erst dagegen gewehrt, aber seit uns meine Schwiegermutter einen geschenkt hat, benutze ich ihn jeden Tag und bin total verliebt in das Ding!« Thermowas? Alle anwesenden Muttis scharrten sich bewundernd um das Zauberding, als sei es der Heilige Gral. Wie sich herausstellte, waren viele von ihnen stolze Besitzerinnen einer solchen alleskönnenden Küchenmaschine – oder sie wären es zumindest gern gewesen, hatten aber nicht das nötige Kleingeld parat. Denn, so erfuhr ich, einen Tausi müsse man dafür schon in die Hand nehmen.

Ob Brot, Marmelade, Kuchenteig, Smoothies – der Thermomix, so hörte ich heraus, zaubere alles. Sogar leckeren Babybrei. Und das ruckizucki. Eine der Muttis erzählte, ihr Töchterchen esse erst Brei, seit sie ihn mit ihrem »Mixi« zubereite. Vorher habe sie ihn ihr immer vor die Füße gespuckt. »Ich hab den einfach nicht so cremig hingekriegt, wie er das schafft«, so die Mutti. »Er?« Das klang ja fast, als wäre er ein Familienmitglied und sie und ihr Mann würden mit »Mixi« eine Ehe zu dritt führen.

Ganz kurz dachte ich über die Anschaffung einer solchen Küchenhilfe nach. Das »ruckizucki« hatte mir daran imponiert. Dennoch verwarf ich den Gedanken schnell wieder. Erstens fand ich, 1000 Euro dafür zu löhnen war ganz schön happig. Dann hätte ich gar nicht gewusst, wohin mit dem Monstrum. Unsere eher kleine Küche war sowieso schon überproportional mit Geräten gefüllt. Und drittens wollte ich meine Beziehung nicht auf die Probe stellen, weil ich möglicherweise auch schon bald nur noch verliebt von »Mixi« säuseln würde. Also rannte ich weiter in die Drogerie und kaufte Gläschen. Wenn auch widerwillig. Denn ich fand, egal, ob selbstgekocht, gethermomixt oder aus dem Gläschen: eine Mahlzeit, die zwar aus Kartoffeln, Erbsen und Rindfleisch besteht, aber als braune Pampe auf den Tisch kommt, ist einfach nicht appetitlich. Während mein Großer offenbar keinerlei Bedenken dieser Art hatte und gierig Schlamm jeder Couleur verschlang, machte mir mein Jüngster schnell klar, dass er für solche kulinarischen Desaster nicht zu haben sei.

Als er ins Breizeit-Alter kam, bot ich ihm etliche Sorten zum Probieren an. Doch im Gegensatz zu seinem alles-verschlingenden Bruder runzelte der Kurze beim Anblick des gefüllten Plastiklöffels jedes Mal seine kleine Stirn, würgte und spuckte das Glibberzeug angeekelt wieder aus – oder er ließ mich mit dem Löffel gar nicht erst in seinen Mund und presste die Schnute so fest zusammen, als sei er im Hungerstreik. Wer konnte es ihm verdenken? Ich am wenigsten.

Aus Sorge, er könne verhungern, stillte ich ihn weiter. Die Wochen vergingen, und ich bot ihm, trotz meiner Vorbehalte, aber mangels Alternativen, weiterhin regelmäßig Brei an, den er mir weiterhin regelmäßig vor die Füße oder auf die Brille spuckte. Da ich jedoch keine große Lust hatte, dass er mir noch als Fünfjähriger an der Brust hing, fragte ich meine Hebamme um Rat. Sie erzählte mir, dass mittlerweile immer mehr Mütter die Breizeit übersprängen und mit ihren Kindern die sogenannte »Baby-led Weaning«-Methode praktizierten. Dabei gäbe es von Anfang an Fingerfood und keinen pürierten Brei. Das bedeute: Banane statt Obstmus, gekochte Süßkartoffel statt Möhrenbrei und Brötchen statt Milchbrei.

Ich machte mir wenig Hoffnungen, war aber der Meinung: Versuch macht klug. Und siehe da, mein muttermilchsüchtiger und breiverachtender Sohn fing an, begeistert am Aprikosenstück zu saugen, an der Wurst zu zuzeln und am Brotkanten zu nagen. Das nächste kulinarische Kapitel war damit eingeläutet, und das Ende der Stillzeit lag nah. Dachte ich zumindest – und plante in Gedanken schon den ersten feucht-fröhlichen Mädelsabend nach meiner Enthaltsamkeit. Doch ich hatte mich deutlich zu früh gefreut – denn trotz seiner neuen kulinarischen

Entdeckungen wollte der Bursche auf seine heißgeliebte Milch noch lange nicht verzichten. Der Eierlikör-Exzess musste also noch warten.

Meinen Großen hatte ich abgestillt, da war er etwa acht Monate alt. Dieser Prozess, so erinnere ich mich, verlief recht reibungslos. Statt an Mama nuckelte er von nun an abends an der Milchpulli. Und nachts gab es bei Bedarf einen Schluck Tee. Das Ganze geschah – zumindest meistens – völlig klaglos. Ganz anders sein kleiner Bruder. Als er zwölf Monate alt war, stillte ich ihn immer noch – zumindest abends und nachts. Niemals hätte ich gedacht, dass meine Milchbar so lange in Betrieb sein würde. Und das lag weiß Gott nicht daran, dass ich so versessen aufs Stillen war. Im Gegenteil. Ich und mein Schulter-Nacken-Bereich hätten große Lust gehabt, den Laden endlich zu schließen. Aber dieser kleine Mann mit der großen Stimme und dem großem Durst wusste das erfolgreich zu verhindern. Wie ein alternativer Hausbesetzer, der vehement um sein Dach über dem Kopf kämpft, behauptete der Kurze seinen Stammplatz in seiner Lieblingsbar. Immer wenn ich den Versuch wagte, ihn abends mit einer Milchflasche zu beruhigen, schlug er mir diese wie ein Preisboxer aus der Hand und fing an, wie ein Rohrspatz zu schimpfen. Ich nahm ihn daraufhin auf den Arm und versuchte, ihn mit Schaukeln und Singen zu beruhigen. Aber das brachte rein gar nichts. Im Gegenteil, mein Kurzer drehte sein Schreivolumen nur noch höher, und proportional dazu nahm seine Wut zu. Nach ein paar Minuten resignierte ich – sofort war Ruhe und ich hörte nur noch ein zufriedenes Schmatzen.

Die Ratschläge meiner Freundinnen und Bekannten zum Abstillen waren so mannigfaltig wie die Dauer, die sie ihre Kinder gestillt hatten. Eine hatte ihr Kind schon nach drei Monaten nicht mehr gestillt, weil ihre Brust-OP kurz bevorstand. Das sei, so erinnerte sie sich, nicht ohne Geschrei abgelaufen, aber was sollte sie machen. »Ich hatte ja schon den OP-Termin vereinbart.« Ohropax habe da aber ganz gut geholfen. Eine andere hatte ihre Zwillinge bis zum vierten Lebensjahr gestillt und dann nur aufgehört, weil ihre Quellen langsam versiegt waren. Sie habe, so erzählte sie, mit ihren Mädchen ein feierliches Abschiedsritual zelebriert, damit sich alle noch einmal für das Lebenselixier bedanken konnten und um die Stillzeit würdig zu beenden.

Während ich noch darüber nachdachte, ob ich eher das Geschrei meines Kindes nach Milch oder ein Brustbabschiedsritual ertragen würde, geschah ein Wunder – und das hatte ich einem Besuch in einem indischen Restaurant zu verdanken. Denn statt meinen Kurzen wie gewohnt in den Schlaf zu stillen, hing ich am Abend stundenlang über der Kloschüssel, weil das kurz zuvor vertilgte Chicken Mumbai ganz offensichtlich keine Lust hatte, den normalen Weg über den Verdauungstrakt zu durchlaufen. Und so musste der Papa mich beim Zubettbringen vertreten. Zwischen meinen Würgeattacken lauschte ich angestrengt, wann das Geschrei aus dem Schlafzimmer einsetzen würde – doch nichts geschah. Stattdessen kam der Liebste irgendwann triumphierend mit der leeren Milchpulle ins Bad, grinste nur und sagte in einer Lässigkeit, als sei er Chuck Norris: »Ich weiß gar nicht, was du hast. War doch total easy!«

Von diesem Tag an gehörte mein Körper tatsächlich wieder mir. Auch am nächsten Abend ließ sich der Kurze ohne zu murren von Papi die Flasche reichen, nuckelte sie friedlich schmatzend aus und fiel daraufhin in einen komatösen Schlaf. Drei Tage später konnte auch ich ihm die Milchpulle geben, ohne dass er nach meiner Brust schnappte. Die Milchbar war nicht mehr gefragt und konnte tatsächlich für immer geschlossen werden. Ich besaß wieder volle Autonomie über mich selbst und aß nun wieder nach Herzenslust Zwiebeln, Knoblauch, Sauerkraut und Kohl – und zwitscherte meinen Eierlikör. Natürlich immer mit einem Prosit auf den Papa! Manchmal sind Väter eben die besseren Mütter.

Was zur Hölle ist denn Fondong?

Wenn Liebe tatsächlich durch den Magen geht, kann ich von Glück reden, dass sich der Liebste vor vielen Jahren für mich entschieden hat. Vermutlich war er zu dieser Zeit schwer erkältet und hat nicht viel geschmeckt. Und in unserer Studentenzeit waren wir alle ja noch deutlich anspruchsloser. Tatsächlich hat Kochen nie zu meinen großen Leidenschaften gehört. Von entsprechend niedrigem Niveau ist auch mein kulinarisches Talent. Also sagen wir es so: Vergiftet hab ich noch niemanden, aber einen Stern würde mir wohl auch keiner verleihen. Nicht mal aus Mitleid.

Ohne die Schuld für meine nicht vorhandene Kochkunst jemand anderem in die Schuhe schieben zu wollen: Einen großen Teil der Verantwortung für meine Talentfreiheit tragen meine Mutter und meine Schwiegereltern.

(Verzeih mir Papa, aber dich kann ich hier beim besten Willen nicht mit aufzählen. Was das Thema betrifft, sind wir uns zu ähnlich.) Denn alle drei können sehr gut kochen und backen, und sie tun das auch mit großer Leidenschaft. Das bedeutet, wenn sie uns besuchen, bringen sie in der Regel Mittagessen, Salate und selbstgebackenen Kuchen mit. Ich bitte sie wirklich nie darum, auch nicht auf die subtile Art. Sie machen das aus freien Stücken. Möglicherweise auch aus dem nicht ganz selbstlosen Grund, meiner »Kochkunst« dadurch zu entgehen.

Ein bisschen erinnert mich ihr Kommen immer an den Postboten, der uns früher die Westpakete brachte, die uns meine Großtanten aus Hamburg oder Leverkusen schickten. Nur dass ich heute keine Lux-Seifen, Apfelsinen, Vollmich-Nuss-Schokolade oder Mickymaus-T-Shirts auspacke, sondern diverse Tupperdosen gefüllt mit Hackbraten, Kohlrouladen und Buletten. Und anders als damals ist nicht das Fa-Duschbad im Paket ausgelaufen, sondern der Zwiebel-Käse-Salat.

Jedes Mal sage ich meinen Eltern und Schwiegereltern, dass es doch gar nicht nötig sei, so viel Essen mitzubringen. Wir alle wissen jedoch, dass ich das absolut nicht ernst meine. Im Grunde könnte ich mir diese Standardbemerkung verkneifen. Das Ganze hat ohnehin schon Slapstick-Charakter, aber gehört mittlerweile dazu und minimiert mein schlechtes Gewissen. Wenigstens rede ich mir das ein.

Auf jeden Fall ist diese kulinarische Rundumversorgung der Grund, warum ich bislang noch keine Veranlassung sah, mich stundenlang selbst damit zu befassen, wie man nun einen zünftigen rheinischen Sauerbraten mariniert. Stattdessen gehe ich einfach an unseren Tiefkühlschrank, hole eine Dose raus, auf der ein Sauerbraten-Sticker klebt, und lasse es auftauen.

Sobald der Tiefkühler leer ist, was tatsächlich selten vorkommt, oder wenn ich nicht daran gedacht habe, ein Oma-Gericht am Vorabend zum Auftauen rauszustellen, dann gibt es bei uns deutlich einfachere Gerichte, die selbst ich unfallfrei und genießbar hinkriege: Pellkartoffeln und Quark, Spinat und Ei, Nudeln und Tomatensoße, Pizza zum Selbstbelegen (auf Fertigteig natürlich). Oder ich lade meine Jungs auf einen Döner ein.

Irgendwann hat es mich dann aber doch einmal geritten und ich dachte, mit Ü-40 müsse ich nun langsam mal anständig kochen lernen. Ich kaufte mir also ein Kochbuch mit dem vielversprechenden Namen »Das einfachste Kochbuch der Welt« und machte mich als erstes an ein Linsencurry mit Paprika. Ich fand das Ergebnis gar nicht so schlecht, auch wenn ich statt gehacktem Koriander, den ich vergessen hatte zu kaufen, einfach Basilikum aus unserem Kräuterbeet zugab ... Ja, wir haben tatsächlich ein Kräuterbeet im Garten. Bisher hielt das jedoch eher für Deko- und Angeberzwecke her. Das wollte ich jetzt aber ändern und setzte sogleich: »Koriander im Kräuterbeet anpflanzen« auf meine innere To-do-Liste.

Na, jedenfalls fand ich das Linsencurry ganz okay, der Liebste auch (der ist aber mittlerweile auch kulinarisch abgehärtet) – nur die Kinder stocherten lustlos darin rum und aßen lieber ihren Nachtisch, einen Fruchtzwerg. Ich fragte sie daraufhin: »Sagt mal, hat euch Mamas Essen wirklich gar nicht geschmeckt? Nicht mal ein bisschen?« Der Große zurück: »Doch Mama ... Aber kannst du das bitte nicht mehr kochen?!?« Ich, meine leise Enttäuschung überspielend, zurück: »Okay, und was soll ich mal wieder kochen?« Er, wie aus der Pumpgun: »Königsklopse! Die hast du schon mal ganz super gemacht!« Ich schluckte und versprach: »Du bist lieb. Danke! Und ja, okay, die mach ich mal wieder. Indianerehrenwort.«

Jede andere Mama hätte sich über so eine Lobpreisung ein Loch in den Bauch gefreut, ich bekam eher ein schlechtes Gewissen und ein mieses Gefühl. Denn meine einzige eigene Leistung an der gepriesenen Mahlzeit war, die gefrorene Tüte mit den Königsberger Klopsen in ein kochendes Wasserbad zu schmeißen und dreißig Minuten köcheln zu lassen. Nicht mal die darin enthaltenen Kapern hatte ich selbst reingeworfen – war alles schon dabei … Wie schon in der Breizeit, fand mein Sohn Fertiggerichte leckerer als die mühsam hergestellten Kreationen seiner Mama. Doch anders als damals wollte ich das diesmal nicht auf mir sitzen lassen.

Ich setzte mich an den Rechner und googelte. »Königsberger Klopse Rezept – einfach«. Es wäre doch gelacht, wenn ich das nicht selbst hinkriegen würde … Leider versagte beim Ausdrucken des Rezepts mein Drucker. Und so blieb es erst einmal bei dem Vorsatz.

Doch schon kurz darauf wurde mein Gehirn durch eine andere kulinarische Herausforderung beschäftigt. Der Geburtstag meines Großen stand an und ich hatte mir geschworen, die ehrenvolle Aufgabe, den Kuchen für seine Kita-Gruppe zu backen, diesmal selbst zu übernehmen und nicht an eine seiner Omas zu delegieren. Den Schokokuchen für den Geburtstagstisch der Kinder hatte ich IMMER selbst gebacken. Okay, mit Hilfe einer Backmischung. Aber ich hatte alles selbst angerührt, in die Form gegeben, gebacken und zum Schluss mit einem Übermaß an Smarties, Liebesperlen und bunten Streuseln dekoriert.

Nur für den Kita-Kuchen hatte ich bislang keine Kapazitäten mehr. Vornehm ausgedrückt. In Wahrheit wollte ich mich nicht blamieren und setzte lieber auf die sichere Bank, die großmütterliche Backkunst. Diesmal wollte ich es jedoch darauf ankommen lassen und ging gleich in die Vollen: Ich wollte einen Papageienkuchen backen. Und zwar ohne die Hilfe von »Kathi« oder »Dr. Oetker«.

Einen Tag vor dem Geburtstag machte ich mich ans Werk und war höchst angetan von meinem Backtalent. Der Kuchen hätte es zwar nie im Leben in ein Hochglanz-Koch&Back-Magazin geschafft – dafür waren die Farben zu blass und das Pastellgrün zu dominant –, aber egal, dann war es eben ein Froschkuchen. Und ob nun Papagei oder Frosch, die Hauptsache war doch, dass er schmeckte und mit ganz viel Liebe gebacken wurde. Meine peinlich obszönen Flüche, weil der Teig anfangs so klumpte, lasse ich hier mal außen vor. Ich goss dann noch etwas Zuckerguss darüber, warf ein paar Liebesperlen drauf, legte mit Smarties eine kunstvolle »4« – und war am Ende stolz wie Oskar über mein Werk.

Als ich nach getaner Arbeit mit einer Freundin telefonierte und ihr ganz selbstgefällig von meinem »Kunstwerk« berichten wollte, fragte sie mich, ehe ich ausreden konnte, welches Fondong ich für den Kuchen genommen hätte. Sie selbst habe noch keine Fondong-Marke gefunden, die gut auszurollen sei, ohne einzureißen. Ich verstand nur Bahnhof. »Von was redest du da? Was zur Hölle ist denn Fondong?« Sie zurück: »Na hast du deine Kita-Torte nicht damit überzogen?« Ich so: »Nein, ich hab Zuckerguss, der leider etwas geklumpt hat, drüber gegossen. Oder besser: gekleckst.« Sie: »Ach du liebe Güte, willst du dich komplett blamieren? Dann geh lieber gleich zu einem Konditor und bestell dir noch schnell eine Torte für morgen. Wenn das überhaupt geht: Die guten Konditoren sind immer total ausgebucht.« Ich verstand die Welt nicht mehr. Weder hatte ich bislang kapiert, was Fondong ist, noch war mir klar geworden, warum ich mich vor einer Schar Drei- und Vierjähriger mit einem Papageien-/Froschkuchen blamieren sollte.

Meine Freundin, die in Eile war, gab mir den Rat, F-O-N-D-A-N-T im Internet zu suchen. Und erzählte schnell noch, dass es in der Kita ihrer Kinder zwischen den Müttern mittlerweile einen regelrechten Geburtstagskuchen-Wettkampf gäbe. Dieser sei nie offiziell ausgerufen worden, das sei eher eine ganz subtile Schlacht. Sie so: »Schuld ist nur die Mama von Anastasja. Die brachte irgendwann eine Torte mit, die sah aus wie ein putziger Marienkäfer. Sogar mit filigranen Fühlern und Augen. Und seitdem bringt keine Mutter mehr ›nur‹ einen Rührkuchen zum Geburtstag ihres Kindes mit. Da muss es schon eine verdammte Anna-und-Elsa-Fondant-Torte mit Glitzerstaub sein. Das ist echt zum K… So, nun muss ich aber los, Süße. Und vergiss nicht ›Fondant-Torte‹ zu googeln. Dann weißt du, wovon ich rede.«

Sofort nach unserem Gespräch klickte ich mich im Internet durch eine Bildermeer an Fondant-Torten. Ob Feuerwehrmann, Dinosaurier, Prinzessin oder Bagger – zu allen bei Kindern beliebten Themen gab es ein kunstvolles Backwerk. Leck-mich-am-Popo, dachte ich nur, um so ein Kunstwerk hinzukriegen, müsste ich erst einmal einen Volkshochschulkurs besuchen. Mindestens ein halbes Jahr lang. Und das nur, um gegen Anastasja-Mütter nicht abzustinken?!? Nee, lass mal. Dann doch lieber ein grüner Papageienkuchen.

Als ich meine Kinder am Geburtstag des Großen wieder von der Kita abholte und das ratzekahl leergefutterte Kuchenblech in Empfang nahm, fragte ich: »Und, hat euch der Kuchen geschmeckt? Oder soll ich das nächste Mal eine Fondant-Torte backen?« Mein Großer schaute mich nur verständnislos an und präsentierte mir lieber die Inhalte seines Geschenketütchens, das ihm seine Gruppe überreicht hatte.

Kurz darauf fand in der Kita ein Sommer-Picknick statt. Alle Eltern waren im Vorfeld gebeten worden, eine Kleinigkeit (!) dafür beizusteuern. Doch was da am Ende aufgetischt wurde, hätte gut und gerne als Buffett einer hippen Glamour-Party anlässlich einer Galerie-Eröffnung in Berlin-Mitte durchgehen können, so viele edle »Kleinigkeiten« reihten sich da aneinander: Da lag ein duftender, noch warmer, mit Puderzucker berieselter Zucchinikuchen. Daneben standen kleine Smoothie-Fläschchen mit selbstgemixtem Beeren-Bananen-Saft. Es gab kunstvoll auf Spießchen gewickelte Pizza-Würstchen und liebevoll verzierte Mini-Muffins mit drei verschiedenen Überzügen: Schoko-, Karamell- und Zitronenguss. Die Krönung war ein mit Rucolasalat bedecktes Blech, auf dem unzählige halbierte harte Eier lagen, die alle wie kleine Mäuse verziert waren. Und jede Eiermaus sah anders aus – die eine hatte eine Punkfrisur aus Möhrenschnitzen, die andere eine Langhaarfrisur aus Schnittlauch und die nächste einen Bürstenhaarschnitt aus Nelken.

Als der Liebste etwas später zu dem Picknick dazustieß, war er ähnlich baff wie ich ob der aufwendigen kulinarischen Vielfalt auf der Picknickdecke. Er packte seinen Teller voll, ließ sich neben mich plumpsen und fragte kauend, was ich von all den Leckereien denn mitgebracht hätte. Ich sagte wahrheitsgemäß: »Zwei große Pakete Capri-Sonne!« Er verschluckte sich daraufhin fast vor Lachen an dem Punker-Ei. Ich wieder: »Zum nächsten Picknick darfst du aber sehr gern etwas beisteuern. Ich hab dir auch schon ein paar Bilder von Fondant-Torten herausgesucht. Ich finde die mit den Dinos ganz schön. Und welcher Fondant nicht einreißt und sich gut ausrollen lässt, das weiß ich mittlerweile auch.« Er schaute mich mit einem Zweifel im Blick an, ob ich noch ganz bei Trost sei, und fragte mit vollem Mund: »Was zur Hölle ist denn Fondong?«

Super-Mom versus Stino-Mutti

Das »Fondong«-Telefonat mit meiner Freundin und das Kita-Picknick hatten meinen Blick geschärft, und ich sah plötzlich an jeder Ecke überambitionierte Anastasja-Mamas. Also Muttis, die den Drang haben, alles immer besser, höher, weiter, schöner, gesünder und glitzeriger zu machen als der Rest, also als die Stino-Muttis.

Beim Kita-Elternabend meldet sich diese Frauenspezies sofort wild fingerschnipsend für jedes Amt und für jede Aufgabe an. In ihren Einkaufswagen liegt ausnahmslos gesundes, nachhaltiges Bio-Super-Food. Selbstverständlich tragen ihre Kinder ausschließlich Bio-Baumwoll-Sachen mit hautschonendem Seideanteil, die am Ende der Kindheit in Summe so viel wie ein Kleinwagen gekostet haben. Die Nachmittage der Kinder sind mit AGs, Sportkursen und

Musikunterricht komplett zugepflastert. Die Familienurlaube werden in den schönsten, kinderfreundlichsten und exklusivsten Orten mit Öko-Güte-Siegel verbracht. Und damit das auch jeder mitbekommt, wird der Superurlaub fleißig auf Instagram, Facebook und WhatsApp dokumentiert. Genau wie der mehr als großzügig geleistete Emissionsausgleich für die Flugreise in die Karibik, um gar nicht erst ein schlechtes Gewissen aufkommen zu lassen und stattdessen als ökologisches Vorbild dazustehen.

Als ich einmal im Bürgeramt saß, um Reisepässe für die Jungs zu beantragen, und darauf wartete, dass mein Name im Display aufblinkte, traf ich auf eine Frau, mit der ich früher zur Schule gegangen war. Sie war mittlerweile dreifache Mutter und sah aus wie aus dem Ei gepellt: vom Haaransatz bis zur Fußzehe komplett durchtrainiert, geschmackvoll und teuer eingekleidet, perfekt frisiert und manikürt – nur etwas zu grell geschminkt, für meine Begriffe. Ihre Stirn war verdächtig unbeweglich und die Nase erschien mir etwas gerader und stupsiger als zu Schulzeiten.

Ich fragte mich augenblicklich, wie man so viel Zeit in sein Spiegelbild investieren könne, wenn man drei kleine Kinder hat. Zu allem Überfluss erzählte sie auch noch, dass sie ihre Arbeitsstunden gerade von 30 auf 37 aufgestockt habe und nebenbei noch einen Blog schreibe. Der Tag dieser Frau muss 48 statt nur 24 Stunden haben ... Ich bemerkte, wie mich ihre Gegenwart stark verunsicherte. Zu allem Überfluss hatte ich es am Morgen nicht geschafft, mein T-Shirt zu wechseln, das mein Kurzer nach dem Frühstück mit einem Waschlappen verwechselt und seine Nutella-Erdbeerjoghurt-Schnute daran abgewischt hatte, als ich ihn kurz hochnahm, damit er dem Papi zuwinken konnte. Und selbstverständlich trug ich weder

Wimperntusche noch mit Art-Deco-Muster verzierte Gel-Nägel.

Sie war, so erzählte meine Ex-Schulkameradin, erst vor wenigen Monaten wieder zurück in die Heimat gezogen und habe vorher in einem Ort bei Düsseldorf gelebt. Im Laufe des Gesprächs fragte sie mich, welche Kurse für Kids ich ihr empfehlen könne. Ich antwortete, dass meine Jungs einmal die Woche einen Spiel- und Sportkurs besuchten und, soweit ich das beurteilen könne, viel Spaß dabei hätten. Dass es da ein Trampolin, eine Sprossenwand und diverse Ball- und Bewegungsspiele gäbe. »Ach«, sagte sie, »das sind doch Kinkerlitzchen. Das haben wir alles schon probiert. Ich suche für meinen Mittleren was Richtiges, so was wie Ju-Jutsu oder Taekwondo.« Ich fragte, wie alt ihr Mittlerer denn sei, und erhielt die Antwort: »Gerade fünf geworden!« Am Montag und Mittwoch hätte er, gemeinsam mit seiner älteren Schwester, Geigenunterricht. Am Dienstag gehe er zur Logopädin, weil er etwas lisple und das ›r‹ nicht richtig rollen könne. Nun suche sie noch etwas für Donnerstag oder Freitag, etwas Körperliches, damit er fit bliebe. Den Judo-Kurs, den er immer donnerstags besuche, hielte sie für zu lasch und unstrukturiert. Ich fragte nochmals nach: »Und dein Sohn ist wirklich erst fünf? Oder sagtest du fünfzehn?« Sie: »Nein, fünf. Warum?«

Als ihr Name im Display erschien, bekam ich zwei chaneldiftgeschwängerte Luftküsschen auf beide Wangen, und sie reichte mir ihre Visitenkarte, weil man sich doch »unbedingt mal wieder treffen« müsse. Vielleicht ja zu einem Playdate mit den Kindern … Vor meinem inneren Auge tauchten drei geigespielende Kinder in blütenweißen Taekwondo-Anzügen auf. Ihnen gegenüber standen meine Jungs in ihren mit Nudelsoße und Eis bekleckerten ausgeleierten Comic-Shirts, die statt einer Violine ihre Ritterschwerter aus Pappmaché in der Hand hielten. Ich entschied: Das passt echt nicht zusammen, zerriss ihre Karte und warf sie in den nächsten Papierkorb.

Ich erinnerte mich, dass dieses Mädchen, das in meine Parallelklasse ging und mit dem ich früher kaum ein Wort gewechselt hatte, damals eher zu der Sorte »unscheinbares Mauerblümchen« gehörte. Sie war eher verschlossen und zurückgezogen, hatte nicht viele Freunde, erweckte aber auch nicht den Anschein, als suche sie welche. Kein Vergleich zu der selbstbewussten Powerfrau, die heute vor mir stand. Wie hatte sie das nur geschafft? An der Nasen-OP allein kann es nicht gelegen haben …

In mir fing es an, küchenpsychologisch zu arbeiten und ich fragte mich ernsthaft: Versuchen Mütter wie sie durch ihre Kinder das eigene Kindheitstrauma zu überwinden? Ist sie deshalb so überambitioniert und stellt so riesige Erwartungen an ihre Sprösslinge? Ich ärgerte mich, ihre Visitenkarte entsorgt zu haben, weil ich sie das nun nicht mehr fragen konnte.

Stattdessen rief ich eine meiner Freundinnen an, um zu erfahren, wie sie die Nachmittage ihrer Kinder so gestalte und verplane. Und ob ein Sport- und Spielkurs einmal die Woche zur Unterforderung der Kinder beitrüge und ich meine Jungs lieber in einem Cello- oder Harfenkurs oder zumindest in einen Schach-Kurs einschreiben solle. Sie musste lachen, erzählte aber, dass sie ernsthaft darüber nachgedacht hätte, ihre vierjährige Tochter in einem Malkurs anzumelden, weil sie finde, dass sie darin sehr talentiert sei. Ich vorsichtig: »Woran machst du das fest?« Sie: »Na, ihre Bilder sind toll. Das sagen auch Oma und

Opa.« Ich wieder: »Das sagen alle Eltern und Großeltern über die Bilder ihrer Kinder und Enkel ... Will sie denn in einen Malkurs? Oder willst du das?« Sie zögerte und schwieg. Ich wieder: »Wie wär's: Lass sie doch einfach malen, wann sie Lust und Laune dazu hat. Vielleicht kommt sie selbst irgendwann mal auf die Idee, einen Kurs zu besuchen ...« Sie trotzig: »Ich habe sie aber bereits für eine Probe-Malstunde angemeldet ...« Nun wusste ich nichts mehr zu sagen.

Zugegeben, bei dem Wort »Talent« im Zusammenhang mit jüngeren Kindern zucke ich jedes Mal innerlich zusammen. Weil ich finde, dass dieses Wort unter Eltern inflationär gebraucht wird: »Mein Purzel ist so talentiert. Der konnte mit drei schon allein die Sprossenwand hochkrabbeln. Wenn der nicht mal Olympiasieger am Reck wird, fress ich einen Besen.« Oder: »Meine Maus ist so musikalisch. Die hat auf der Triola kürzlich ›Alle meine Entchen‹ gespielt. Da steckt so viel Talent in ihr. Das wollen wir unbedingt fördern und haben sie jetzt für den Akkordeonunterricht angemeldet.«

Solche übermotivierten Eltern sind es auch, die ihre Kinder später animieren, sich beim RTL-»Supertalent« oder bei »DSDS« anzumelden, wo sich der arme Fratz mit seiner musikalischen Darbietung vollends zum Horst macht. Und das nur, weil seine Eltern unter akuter Betriebsblindheit und -taubheit leiden und alles, was ihr Wunderkind tut, mit »höchstgradig talentiert« labeln.

Bei meinen Kindern habe ich noch kein größeres Talent für irgendwas entdecken können. Außer, dass sie unglaublich laut schreien können – erst recht im Duett oder im Kanon. Außerdem malen sie gerne. Sie lieben es zu kneten, zu schnibbeln und zu kleben. Sie spielen gern

Rollenspiele, und sie puzzeln mit großer Leidenschaft. Ob sie etwas davon besonders toll können? Das weiß ich nicht. Mir fehlt der Vergleich. Und eigentlich ist es mir das auch völlig Wurst. Denn für viel wichtiger, als vermeintliches oder echtes Talent zu fördern, halte ich es, dass Kinder eine Beschäftigung finden, die ihnen Spaß macht und die sie erfüllt. Piepegal, ob sie nun megagut oder eher mittelmäßig darin sind.

Ich selbst verfüge über kein nennenswertes Talent. Zumindest nicht mehr. Als Kind war ich sportlich ganz gut dabei – konnte schnell rennen und weit hüpfen. Deshalb schickte mich meine Schule immer zu Wettkämpfen und Wettläufen, wo ich oft nur widerwillig antrat. Aber eine richtige Wahl ließ man mir nicht. Irgendwann beobachte irgendein wichtiger Sportfunktionär die Wettbewerbe und trat an meine Eltern heran, um sie zu überzeugen, ich solle doch in den Leistungssport wechseln. So ein Talent wie mich nicht zu fördern sei grob fahrlässig, meinte er. Ich war vielleicht neun, zehn Jahre alt und hatte absolut keine Lust, täglich auf der Aschenbahn meine Runden zu drehen. Daher bin ich meinen Eltern bis heute dankbar, dass sie zu meinen Gunsten entschieden und den Verantwortlichen einen Korb gaben. Das Glück ihres Kindes lag ihnen mehr am Herzen als die Aussicht auf Ruhm und Erfolg. Hätten sie damals anders entschieden, säße ich vielleicht heute hier mit verschlissenen Gelenken und der Erinnerung an einen 18. Platz im 400-m-Sprint bei den Olympischen Spielen in Seoul. Wäre das die verlorene Kindheit wert gewesen? Auf keinen Fall!

Nachdem ich die Chance, die nächste Heike Drechsler zu werden, also nicht ergreifen wollte, probierte ich mich in vielen anderen Dingen aus. Ich ging zum Geräteturnen und konnte sogar auf dem Schwebebalken ein Rad schlagen, was ich mir heute nicht mal im Traum getrauen würde. Leider hörte unsere Trainerin irgendwann auf, und mit ihrem Weggang endete der Kurs. Später überzeugte mich eine Freundin, dem Handballverein beizutreten, obwohl mein Wurftalent eher dürftig war. Ein einziges Tor habe ich in meiner etwa anderthalb Jahre andauernden Karriere als Linksaußen geworfen. Spaß machte es dennoch, weil wir ein lustiger Haufen waren – und außerdem einen megasüßen Trainer hatten. Und nein, er machte sich nicht der sexuellen Belästigung von Minderjährigen strafbar. Er ließ sich anhimmeln, hielt uns aber auf Abstand.

Und dann war da noch die Gitarre. Jahrelang besuchte ich einmal die Woche den Gitarrenunterricht, und obwohl ich akustisch weit weg von Jimi Hendrix war, machte mir das Geklimper Freude. Zumindest so lange, bis die Pubertät vollends über mich herfiel und ich es wichtiger fand, mit meinen Freundinnen den coolen Basketballern beim Training zuzugucken, als Akkorde zu üben. Seitdem stand meine Gitarre in der Ecke und setzte Staub an. Heute kann ich lediglich noch ›Dornröschen war ein schönes Kind‹ auswendig spielen.

Wenn man lesen, Konzerte besuchen, Serien gucken und unregelmäßiges Yoga mal weglässt, habe ich heute kein hippes, mich erfüllendes Hobby. In manchen Momenten bedaure ich das und hoffe, dass meine Söhne da einmal mehr nach ihrem Vater kommen. Der Liebste spielte viele Jahre lang Volleyball und Beach-Volleyball, was heute wegen diverser Knie- und Rückenprobleme nur noch eingeschränkt geht. Das lässt ihn aber nicht verzweifeln, er hat ja noch seine Musik: Seit Jahren schon spielt er in einer Hobby-Band Gitarre, ein bisschen Klavier und Saxofon, und er singt. Einmal die Woche trifft er sich mit seinen Jungs zum Jammen. Niemals würde ich ihm verbieten, zu seiner Bandprobe zu gehen, es sei denn, ich liege mit 39,9 Grad Körpertemperatur auf der Couch und bin absolut nicht in der Lage, die Kinder zu versorgen. Denn ich finde es wirklich schön, neben Familie und Job eine große Leidenschaft zu haben, die einen glücklich macht. Dass meine Kinder so etwas einmal für sich finden, wünsche ich mir sehr. Und nicht nur, weil ein Hobby einen davon abhält, anderen Blödsinn in seiner Freizeit anzustellen.

Noch deutet sich bei meinen Söhnen nicht konkret an, für welche Aktivität ihr Herz besonders schlägt. Aber ich beobachte, dass beide Musik lieben und gerne dazu tanzen. Das sieht dann immer so aus, als würden zwei betrunkene Rumpelstilzchen um ein Feuer hüpfen. Also total schräg und sehr süß. Manchmal sitzen sie auch mit ihrem Papa im Musikkeller und schrammeln auf seiner Gitarre rum oder hauen auf die Klaviertasten und machen dabei so ein derbes Headbanging, als ob sie sich für ihr erstes Wacken-Festival in zwanzig Jahren warm machen würden.

Am Abend, bevor sie ins Bett huschen, muss ich oder der Liebste ihnen immer etwas vorsingen. Manchmal stimmen sie mit ein, und manchmal lauschen sie nur, wie der Papi harmonisch und die Mami eher schief »Ich geh mit meiner Laterne« anstimmt. Ich erinnere mich – mein Großer war etwa anderthalb, zwei Jahre alt –, da musste ich allabendlich »Alle Vögel sind schon da« für ihn trällern. Er nannte es nur das »Kra-Lied«. Leider kannte ich nur eine Strophe. Als ich mal danach googelte, merkte ich, dass ich selbst diese eine Strophe komplett falsch sang.

Ähnlich geht es mir übrigens mit ganz vielen Kinderliedern. Über die erste Strophe komme ich selten hinaus, und selbst da hapert es oft mit der Textsicherheit. Wenn ich dann mal wieder nicht weiter weiß und irgendeinen Quatsch singe, nehme ich mir jedes Mal vor, das dicke Kinderliederbuch endlich auswendig zu lernen. Aber dann vergesse ich es wieder, sitze am nächsten Tag wieder mit einem Brett vor dem Kopf am Kinderbett und singe zum Beispiel: »Ade zuhur gutehen Nacht! Jetzt wihird Schluss gehemacht, dass ich muss scheihiden. Jetzt scheiheint der liebe Mond, durch deihein Fenster rein. Und ich komm bald wiehieder.« Schon beim Singen ist mir völlig klar, dass ich gerade traditionelles Liedgut völlig verhunze. Doch meinen Kindern ist das völlig Wurst. Sie sind ein extrem dankbares Publikum. Denn egal, was ich singe, ich werde immer zu einer Zugabe aufgefordert. Dass ich mit meinem mäßigen Gesang mal auf so eine begeisterte Resonanz stoße, damit hätte ich im Leben nicht gerechnet …

Vielleicht sollte ich also Singen zu meinem neuen Hobby machen?

Takuos Weltrekord-Papierflieger

Nach meinem Treffen mit der Taekwondo-Mutti im Bürgeramt ging mir diese Frau lange nicht mehr aus dem Kopf. Da ich mit einer sehr gesunden Neugier gesegnet bin, gab ich eines Abends ihren Namen bei Google ein und landete schon bald auf ihrem Blog. Natürlich, den hatte sie ja erwähnt. Wie sie diesen neben der Betreuung drei kleiner Kinder, einem 37-Stunden-Job und ihrem ausgiebigen Körper-Tuning noch betreiben konnte, war mir ein unlösbares Rätsel. Ich klickte mich durch ihre Seite. Hier gab sie Fitnesstipps für einen Perfect-After-Mummy-Body, dort zeigte sie ein Tutorial, wie man sich im Handumdrehen und »easypeasy« French-Tip-Nails zaubert. Dann präsentierte sie in einem Post noch ihre neuesten modischen Errungenschaften: eine High-Waist-Hose im Leo-Print, die sie mit einem beigefarbenen Trenchcoat und perlenbestickten sandfarbenen Mules kombiniert hatte. Niemals hätte ich all das angezogen, und das nicht nur, weil ich in Beige aussehe, als bräuchte ich mal wieder Urlaub. Es war auch einfach nicht mein Stil und, das kam noch hinzu, weit weg von meiner Preisklasse. Aber an ihr sah es gut aus. Wenn auch etwas zu aufgesetzt für meinen Geschmack.

Ich klickte weiter. In dem nächsten Beitrag beschrieb Taekwondo-Mutti die Bastelvorbereitungen für die Geburtstagsparty ihrer Dreijährigen, die unter dem Motto Glitzer-Einhorn stand. Ich musste zugeben, dass sie sich für das Fest wirklich hübsche Ideen ausgedacht und liebevoll detaillierten Dekoschmuck gebastelt hatte. Und das mit diesen langen Plastiknägeln …

Ich hatte tatsächlich auch einmal für eine Millisekunde darüber nachgedacht, einen Mama-Blog zu starten, hatte den Gedanken aber sofort wieder verworfen. Ich schreibe zwar gern, aber ich hätte gar nicht gewusst, welche Inhalte ich auf dem Blog hätte verfassen und posten sollen. Da ich mich selbst zu regelmäßigen Sporteinheiten zwingen muss, was sehr oft misslingt, wäre ich die absolut Falsche, anderen Muttis Fitnesstipps zu geben. Von Mode und Styling habe ich vor gefühlt zwanzig Jahren vielleicht mal etwas verstanden, aber seit ich Mutter bin und vermehrt im

Homeoffice arbeite, besteht meine Alltagskluft aus einem T-Shirt, einer weiten Jeans (die auch gern mal gegen eine Jogginghose getauscht wird) und einer riesigen, zeltförmigen Strickjacke. Und statt einer edlen Handtasche trage ich, seit ich Kinder habe, nur noch Rucksack. Würde Karl Lagerfeld noch leben, er würde vermutlich angewidert einen Bogen um mich machen … Fashion-Tipps zu geben kam daher auch nicht in Frage. Und, wie bereits erwähnt, hat mein Kochtalent nicht mal Laienniveau. Über die Zubereitung einer mit Mangocreme gefüllten Torte in Form eines Feuerwehrhelms oder eines Fenchelrisottos an Tafelspitz mit Preiselbeerragout zu berichten, fiel also ebenfalls flach. Außerdem kann ich weder Norwegerpullis stricken, noch Patchwork-Latzhosen nähen, noch Origami-Tiere falten. Was also hätte ich auf einem Blog posten sollen? Es gab einfach nichts, womit ich meine potenzielle Community hätte beeindrucken und inspirieren können.

Als mir all das nach dem Blick auf den Blog von Taekwondo-Mutti noch einmal vor Augen trat, wurde ich melancholisch. Ich ging zu unserer Süßigkeitenbox, fischte mir fünf Nugateier heraus und rief mit vollgestopftem Mund meine Mutter an, um ihr mein Leid zu klagen. »Mama«, seufzte ich theatralisch, »ich bin einfach in allem eine Niete. Ich kann weder gut kochen, noch basteln, noch stricken, noch nähen, noch sonst was. Ich krieg ja nicht mal einen verdammten Origami-Pelikan gefaltet.« Sie: »Kranich!« Ich: »Häh?« Sie: »Du meinst einen Origami-Kranich.« Ich: »Och Mama, Kranich oder Pelikan. Ich kann weder das eine noch das andere. Ist doch wurstegal. Fakt ist: Ich bin ein echtes DIY-Desaster.« Sie: »Was redest du denn da für einen Blödsinn. Di Ei Wei? Was soll das überhaupt sein?« Ich: »Das ist die Abkürzung für ›Do it yourself‹. Aber ich kann nix myself.« Sie wieder: »Nun hör aber mal auf. Das stimmt doch gar nicht. Erinnerst du dich an das Nadelkissen in meinem Nähkästchen? Das hast du bestickt.« Ich augenrollend zurück: »Mama, das war vor über dreißig Jahren. Da war ich im Handarbeitskurs, und du hast mir bei den meisten Arbeiten heimlich geholfen. Die Hälfte des Nähkissens hast du also selbst bestickt.« Sie tat so, als würde sie sich an diesen Fakt nicht erinnern. »Und außerdem«, fuhr ich fort, »bist du es, die bis heute meine Hosen kürzt und umnäht und Löcher in unseren Sachen ausbessert.« Sie: »Ja, aber das hab ich schon lange nicht mehr getan. Da hast du es doch zuletzt selber gemacht, oder?« »Nee,« gab ich zerknirscht zu. »Die andere Oma.«

Am Abend desselben Tages fragte mich mein Großer, ob ich ihm einen Papierflieger basteln könne, den wolle er morgen in der Kita fliegen lassen, weil sein Kumpel heute einen mit dabei hatte und der konnte »übelst weit fliegen«. »Aber hallo!«, sagte ich höchst motiviert. »Na klar kann ich das. Mann nennt mich ja nicht umsonst Papierflieger-Susi.« Er so: »Häh? Ich hab noch nie gehört, dass jemand das zu dir sagt.« Ich: »Das bin ich ja auch erst seit heute, mein Schatz!« Ich schnappte mir ein A4-großes Blatt Papier und legte eifrig los. Hier und jetzt würde ich der Welt beweisen, dass auch ich DIY kann. Heute ein Papierflieger und morgen schon eine vierundzwanzigfarbige Fröbelstern-Kugel. Das kann doch alles kein Hexenwerk sein.

Nach zehn Minuten wilder Freestyle-Faltkunst überreichte ich meinem Sohn feierlich seinen bestellten Papierflieger. Einen Origami-Award fürs Design hätte er nicht gewonnen, aber darauf kam es ja auch nicht an. Mein Großer hob den Arm, holte aus und ließ den Flieger los. Doch statt elegant durch unser Wohnzimmer zu kreisen und sanft auf der Couch zu landen, legte der Flieger nur zehn Zentimeter vor seinen Füßen eine Bruchlandung hin. »Och Mama«, maulte mein Sohn, »du bist gar nicht Papierflieger-Susi.« Ich hastig: »Doch, das war nur ein Schaden im Getriebe. Ein Konstruktionsfehler. Ich probier's gleich noch mal.« Er: »Nee. Ich frag Papa. Die von ihm fliegen immer super. Der braucht auch nicht so lange wie du.« Ich war sauer. Auf ihn. Auf Papi. Und noch mehr auf mich. »Das kann ich nicht so stehen lassen«, dachte ich, schnappte mir unser iPad und googelte: »Papierflieger basteln Video«. Das wäre doch gelacht. Diesmal gewinnt der Papi nicht!

Der Vater meiner Kinder ist wirklich mit zwei goldenen Händen gesegnet, die lediglich beim Geschirrspüler-Aus-räumen und Wäsche-Aufhängen angeblich nicht so gut funktionieren, wie er mir manchmal weismachen möchte. Das ist natürlich Quatsch mit Soße. Denn egal was er an-packt, baut, repariert oder bastelt – es endet immer, na gut, meistens – im Happy End. Unsere Kinder haben einen zehneckigen Sandkasten und eine Mini-Hütte mit Terras-se und Blumenkästen. Und gerade ist er mit dem Bau einer Außenküche beschäftigt, wo er der Familie dann auf seinem Angeber-Gasgrill leckere Steaks und Würstchen brutzeln will.

Als wir unser Mini-Häuschen bezogen, glich unser Gar-ten einer Nachkriegslandschaft. Dank dem Liebsten ist dieser einstige Schandfleck einem kleinen grünen Paradies gewichen. Sogar ein Pfirsichbäumchen wächst hier. Und Magnolienbüsche! Wie in einem Pilcher-Roman. Ich hätte niemals gedacht, als wir noch kinder-, haus- und gartenlos waren, dass dieser Mann über so viel handwerkliches und gärtnerisches Talent verfügt. Ich glaube fast, er wusste es selbst nicht. Doch das macht mir Hoffnung: Nur weil ich jetzt Ü-40 bin, heißt das nicht, dass ich keinerlei Geschick für irgendetwas besitze. Ich muss es einfach nur entdecken.

Aber manche Dinge will ich gar nicht mehr ausprobieren. Als ich mal die Auslegware im Spielzimmer, das sich im Keller befindet, mit einem Teppichmesser zurechtschneiden wollte, schnitt ich mir so tief in den Zeigefinger, dass mir ganz schwummerig wurde und ich mich erst mal auf den Hosenboden setzen musste. Ich gehöre nämlich zu den Menschen, die kein Blut sehen können. Kein fremdes und kein eigenes. Ganz benommen rief ich also mehrfach hoch: »Ich blute wie verrückt!« Aber niemand kam mir zu Hilfe. Der Liebste hantierte oben im Bad, wo er gerade den quietschenden Klodeckel reparierte, einfach weiter. Dabei musste er mich gehört haben. Ich verband meinen Finger mit meinem Strumpf, schleppte mich die Treppe hoch und fragte ihn vorwurfsvoll, warum er mir nicht heldenhaft zu Hilfe geeilt sei? Wieso, fragte er, ich hätte doch gerade nur einen meiner typischen Flüche abgelassen. Häh? Ich: »Wenn ich rufe: ›Ich blute wie verrückt!‹, dann ist das doch kein Fluch, sondern ein Hilferuf!?!« Er: »Ach so, ich hab verstanden: ›Du blödes Stück!‹ und dachte, du fluchst über den Teppich, der sich nicht schneiden lässt.« Er wollte mir diesmal aber nicht gleich wieder eine Aufgabe abnehmen, sondern ich sollte es, wenigstens eine Weile, mal selbst probieren. Daraus wurde nun nichts mehr. Ich zu ihm: »Seit wann sage ich denn: ›Du blödes Stück!‹«? Er: »Keine Ahnung. Du fluchst doch ständig anders.« Ich wieder: »Aber ich bin dabei deutlich kreativer.« Auf jeden Fall meide ich seither alle Betätigungen, wo Teppichmesser involviert sind und hebe, wenn eine solche Aufgabe ansteht, immer nur mahnend meinen vernarbten Zeigefinger.

Tatsächlich sind wir bei unseren Aufgaben im Haus recht klassisch, manche würden sagen: unemanzipiert, aufgestellt. Aber das ist mir ehrlich gesagt ziemlich wumpe. Denn ja, wenn ich die Wahl habe, rolle ich lieber Socken nach dem Waschen zusammen und swiffere den Boden, als dass ich den Rasen mähe oder die Autoräder wechsle. Frauenpower hin oder her. Bei einer meiner Freundinnen ist das Rollenmuster total umgedreht. Da baut sie die Ikea-Schränke auf und malert die ganze Wohnung. Kochen kann ihr Partner zwar auch nicht, dafür ist er ein hingebungsvoller Papa und sucht immer die besten Netflix-Serien raus. Ich finde diese Vielfalt toll. Das ist Demokratie: Jeder tut das, was er am besten kann. Da ich weniger kann, kann ich auch weniger tun.

Mittlerweile waren 45 Minuten vergangen, und ich war immer noch mit Papierflieger-Falzen beschäftigt. Zum mittlerweile vierten Mal hatte ich Anlauf genommen, um den Weltrekord-Papierflieger des Japaners Takuo Toda mit Hilfe eines YouTube-Tutorials nachzubauen. Ganze 29,2 Sekunden war der bei seinem Rekord angeblich geflogen. Und genau so einen Superflieger wollte ich auch erschaffen. Nach einer knappen Stunde glückte mir endlich einer. Ich stand auf, nahm mit dem Arm Schwung und ließ ihn los. 29 Sekunden flog er zwar nicht, aber er segelte elegant zur Couch und landete nach einer phänomenalen Pirouette sanft auf dem Polster. Ich war stolz.

Leider konnte ich meinen Triumph in dem Augenblick mit niemandem teilen, weil die Jungs und der Liebste längst in den Garten gegangen waren, ohne dass ich es bemerkt hatte, so sehr hatte mich Takuos Faltkunst in Anspruch genommen. Ich griff mir mein phänomenales Flugobjekt und ging ebenfalls hinaus. Nun würde ich meine

Jungs endlich auch mal beeindrucken können. »Guckt mal!«, rief ich und ließ meinen Weltrekord-Flieger los. Leider war mir vor lauter Ego-Beweihräucherung gar nicht aufgefallen, dass mittlerweile ein recht kräftiger Wind durch den Garten blies. Das Ende vom Lied: Kaum war der Flieger in der Luft, erfasste ihn auch schon eine Böe – und zack, hing er oben in der Trauerweide auf Nachbars Grundstück. Ich war fassungslos und enttäuscht. Doch niemand scherte sich um mein gerade erlittenes Debakel. Meine Söhne widmeten sich wieder ihrer Sandburg, der Liebste seiner Rosenhecke – und ich heulte innerlich meinem verpassten Weltrekord hinterher. »Beschissener Kack-Flieger«, murmelte ich leise in mich rein. Mein Großer, der offenbar mit den Ohren einer Fledermaus ausgestattet ist, daraufhin sofort: »Mama, ›beschissen‹ sagt man nicht!« Ich zurück: »Jaha, du hast ja recht. Dann eben: Verfluchter Kackflieger!«

Mami, Scheiße sagt man nicht!

Es gibt Menschen, die haben sich und ihre Zunge stets unter vollster Kontrolle. Sie sind immer sachlich, immer höflich, immer reflektiert und sagen nur sehr bedachte und nie vulgäre oder verletzende Dinge. Selbst wenn sich diese Menschen mal über etwas ärgern, zum Beispiel, wenn der Seitenspiegel an ihrem Auto abgebrochen wurde, dann bringen sie nicht mehr als ein »Schöner Schlamassel!« oder ein »Ach, Mist!« hervor.

Zu dieser Spezies von Mensch gehöre ich nicht. Ich trage nicht nur mein Herz auf der Zunge, sondern lasse auch die schlimmsten Flüche passieren. Hätte ein blöder Dödel meinen Spiegel abgefahren, hätte ich beim Anblick der Misere mindestens »FUCK!« oder »Scheißdreck!« gerufen. Und bei dem Gedanken an den fahrerflüchtigen Unfallverursacher: »Du verdammter Arschgeigenheini! Du elender Schweinepimmel! Du verblödete Assilaus!« So hätte es zumindest geklungen, wenn meine Kinder nicht in meiner Nähe gewesen wären. Wären sie dabei gewesen, hätte ich »FUCK!« und »Schweinepimmel« weggelassen.

Zumindest hätte ich das versucht, aber wenn ich emotional erregt bin, fällt es mir noch schwerer, auf Etikette und Manieren zu achten als ohnehin schon. Und offensichtlich ist mir irgendwann in Anwesenheit meiner Kinder doch mal das böse F-Wort herausgeflutscht. Denn als der Liebste und ich an einem Sonntagmorgen am Frühstückstisch saßen und unseren mittlerweile erkalteten Kaffee schlürften, kam unser Großer aus dem Spielzimmer hochgerannt und sagte außer Atem über seinen kleinen Bruder: »Der hat gerade Fuck gesagt!« Der Papa schaute mich an, grinste und sagte nur: »Das ist auf deinem Mist gewachsen. Das musst du klären. Ich fluche anders.« Ich ging also runter und nahm mir den Kurzen zur Brust: »Schatzi, das böse F-Wort dürfen wir nicht mehr verwenden. Auch die Mama nicht. Da kriegen wir Ärger. So etwas sagt man einfach nicht. Stattdessen ruf doch: ›Misthaufen!‹ Oder meinetwegen auch …«, ich überlegte kurz und erfand schnell: »Dreckhacke!« Der Kurze zurück: »Drecksack!« Ich panisch: »Nein: nicht Drecksack! Ich meinte: DreckHACKE!« Er wieder: »Verdammte Hacke!« Ach du liebe Güte! Ich muss wirklich mehr auf meine Zunge achten, denn auch diesen Ausdruck konnte er nur bei mir aufgeschnappt haben. Ich gab auf: »Ja, meinetwegen sag das. Hauptsache nicht das böse F-Wort!«

Ich wollte gerade wieder hoch zu meinem kalten Kaffe gehen, da fragte mein Großer unvermittelt: »Mami, und was ist mit ›Scheiße‹? Darf man das sagen? Du sagst das nämlich ziemlich oft.« Ich fühlte mich ertappt. Mein Sohn hatte recht, es verging wirklich kaum ein Tag, an dem ich nicht wenigstens einmal laut: »Scheiße!« tönte. Ich persönlich fand das gar nicht so dramatisch, aber ein gutes Vorbild war ich damit natürlich nicht für meine Kinder. Ich holte also tief Luft und tat Buße: »Mein Schatz, du hast ganz recht. Die Mami sagt viel zu oft Scheiße. Das ist nicht gut. Und danke, dass du mich darauf aufmerksam machst. Ich werde versuchen, häufiger ›Misthaufen‹ zu sagen. Nur wenn die Situation wirklich total scheiße ist, da darf ich auch mal ›Scheiße‹ sagen. Aber nicht mehr so oft. Ich verspreche es.«

Als ich wieder am Tisch saß, kam ich ins Nachdenken. Ich bin wirklich ein mieses Vorbild für meine Kinder. Es war ja nicht nur das Fluchen. Ich zeige anderen Autofahrern, wenn sie mir die Vorfahrt geschnibbelt oder mich ausgebremst haben, wütend den Stinkefinger. Ich pflücke im Supermarkt heimlich eine Traube von der Rebe, um zu testen, ob der Wein süß genug oder zu sauer ist. Ich gehe, wenn keiner guckt, mit dem Löffel ins Nutellaglas, obwohl ich meinen Kindern gesagt habe, Nutella darf man nur mit Brot essen. Ich falle schon mal – wenn auch höchst selten – mit ungeputzten Zähnen ins Bett. Und einmal habe ich vor dem Supermarkt auf einem Mutter-Kind-Parkplatz gehalten, obwohl beide Kinder gerade in der Kita waren. Aber zumindest lagen ihre Kindersitze noch im Auto.

An irgendeinem vermaledeiten Morgen hatte ich innerhalb von fünf Minuten gleich dreimal ein schlechtes Vorbild abgegeben. Und jedes Mal hatte mein Großer mich dabei ertappt und gemaßregelt. Es fing damit an, dass der Kurze im Begriff war, seinen Becher mit Milch umzustürzen, und ich gerade noch rufen konnte: PASS AUF! DIE MILCH! Leider hatte ich vergessen, dass ich noch ein großes Stück Nutellabrötchen im Mund hatte. Mein Großer daher belehrend zu mir: »Mama, mit vollem Mund spricht man nicht!« Asche auf mein Haupt. Aber zumindest hatte ich verhindert, dass der Milchbecher runtergeflogen war. Kurz darauf wünschte sich der Kurze ein Pflaumenmusbrot. Ich schmierte es und – Kardinalfehler Nr. 2 – leckte danach gedankenlos mein Messer ab. Mein Großer sogleich: »Mama, man leckt keine Messer ab.« Dieser kleine Herr Neunmalklug, dachte ich still bei mir und antwortete: »Ja, mein Schatz, du hast recht. Das war blöd von der Mama.« Keine zwei Minuten später machte es PLATSCH, und der Milchbecher war doch noch vom Tisch gefallen. Ich rief kurz und eigentlich ganz leise: »Verfluchte Scheiße!« Aber mein Sohn sofort: »Mami, du hast mal wieder ›Scheiße‹ gesagt. Sogar ›verfluchte Scheiße!‹ ...«

Auch diesmal ging der Punkt an ihn. Der Tag hatte noch nicht einmal richtig begonnen, und ich hatte bereits dreimal in meiner mütterlichen Modellfunktion versagt... Jeden Tag vierundzwanzig Stunden lang fehlerfrei und mustergültig zu agieren ist aber auch unglaublich schwer. Wenn nicht ganz und gar unmöglich. Zumindest für mich.

Nach den F-Wort- und Scheiße-Gesprächen mit meinen Söhnen rief ich meine Mutter an und fragte sie, wie sie damals so ein perfektes Vorbild sein konnte. Ich erinnere mich beim besten Willen nicht an irgendwelche

Entgleisungen von ihr. Nicht eine ist mir im Kopf geblieben! Selbst wenn sie mal mit mir oder meinem Bruder schimpfte, blieb sie in ihrer Wortwahl immer sachlich.

Sie lachte, als ich sie das fragte: »Dann sind deine Erinnerungen aber recht verklärt. Natürlich habe auch ich mal geflucht oder Dinge getan, die man eigentlich nicht tut.« Ich bohrte nach: »Und was genau?« Sie überlegte: »Na, wir haben doch regelmäßig heimlich Kirschen gepflückt. Das war eigentlich nicht erlaubt.« Ich: »Aber das ist doch pillepalle. Ich hab dich aber zum Beispiel nie das böse F-Wort benutzen hören.« Sie: »Welches böse F-Wort? Ich: »Na, Fuck.« Sie zurück: »Na, weil das früher niemand benutzt hat. Wir haben ›Mist‹ und vielleicht auch ab und an mal ›Scheiße‹ gesagt.« Ich wieder: »Siehst du, und ich sage das Sch-Wort jeden Tag. Das ist sogar schon meinen Kindern aufgefallen. Und ich lecke Messer ab, rede mit vollem Mund und vergesse manchmal, mir die Hände vor dem Essen zu waschen.« Sie wieder: »Und was denkst du, warum du das alles tust?« Ich seufzte: »Weil ich ein hoffnungsloser Fall bin ...?« Sie wieder: »Nun suhl dich mal nicht in wehleidiger Selbstkritik. So schlimm bist du nun auch wieder nicht. Auch Mütter sind nur Menschen, und sie machen Fehler. Fluchen oder mit vollem Mund zu sprechen – das sind doch alles Kinkerlitzchen. Viel schlimmer fände ich es, wenn du ein herzloses, egoistisches Luder wärst. Und das bist du nun weiß Gott nicht.«

Das tröstete mich etwas. Und meine Mutter hatte ja recht. Bei bestimmten Dingen, die mir wirklich wichtig sind, gebe ich tatsächlich ein passables Vorbild ab: Wenn ich etwas geschenkt bekomme, bedanke ich mich. Immer. Wenn ich sehe, jemand ist in Not oder braucht Hilfe, dann helfe ich oder sorge dafür, dass geholfen wird. Wenn jemand etwas Tolles geleistet hat, würdige ich das. Und wenn ich einen Fehler begangen oder jemanden verletzt habe, bin ich mir nicht zu fein, mich dafür zu entschuldigen. Eigentlich müsste ich an dieser Stelle noch ergänzen: Und wenn die Situation keine Notlüge erfordert, bin ich immer ehrlich und lüge nicht ... Doch würde ich das behaupten, wäre ich eine miese Heuchlerin. Denn was das Lügen angeht, bin ich ein lausiges Vorbild. Dabei predige ich meinen Kindern beinah täglich mantramäßig: »Ihr könnt mir immer die Wahrheit sagen, auch wenn die mir nicht gefällt. Lügen ist viel schlimmer.«

Als Mama zu schwindeln ist schon schlimm genug, aber superpeinlich wird es, wenn man von seinen Kindern beim Lügen erwischt wird ... Eines Abends, mein Großer lag bereits im Bett, fragte ich ihn, ob er sich die Zähne schon geputzt habe. Er schaute mich kulleräugig an und nickte eifrig. Dass ich vor unserem Gespräch die Zahnbürste befühlt und gemerkt hatte, dass sie furztrocken war, konnte er nicht wissen. Also sagte ich ihm ruhig, dass ich wisse, dass er die Zähne nicht geputzt habe, und es nicht schön fände, wenn er mich anschwindele. Er schaute bedröppelt aus der Wäsche und versprach Besserung. Als ich gerade aus dem Zimmer gehen wollte, sagte er: »Mama, du hast aber heute auch geschwindelt! Du hast uns gesagt, dass die Eisdiele zu hat. Das stimmt aber gar nicht.« Ich hielt inne und fühlte mich – ertappt. Aber so was von. Das nennt man dann wohl Retourkutsche.

Ich fragte meinen Sohn vorsichtig, woher er denn wisse, dass die Eisdiele auf war. »Na weil Emil aus der Kita gesagt hat, dass er heute auch mit seinem Papi in diese Eisdiele geht.« Ich holte tief Luft, um Zeit zu gewinnen und zu überlegen, wie ich aus der Nummer herauskäme. Ich entschied mich für den ehrlichen Weg: »Du hast recht, die Mama hat heute geschwindelt, und das war nicht gut. Das tut mir leid. Aber weil es schon so spät war und die Oma zu Hause auf uns gewartet hat, habe ich gesagt, dass die Eisdiele geschlossen ist. Das war keine gute Idee.« Mein Sohn wurde zum Glück nicht sauer, sondern zeigte sich, ob meiner Reue, ganz verständnisvoll. »Das ist nicht schlimm, Mama. Aber du schwindelst nicht wieder. Okay?« Ich versprach es – und sollte schon am nächsten Tag mein Ehrenwort brechen.

Denn wieder einmal stellte ich fest, wie schwer es im Leben ist, immer ehrlich zu sein. Vor allem gegenüber den eigenen Kindern. Eigentlich ist das ein Ding der Unmöglichkeit … Einen Tag nach unserem Gespräch kam mein kleiner Sohn ganz stolz mit einem gemalten Bild aus der Kita heim und sagte: »Mama, ich'n Regenbogen malt.« Da er nur die Farbe Braun benutzt hatte und es eher wie Blitz und Donner auf dem Bild aussah, wäre ich im Leben nicht darauf gekommen, dass das ein Regenbogen sein sollte. Ich druckste also herum und statt zu sagen: »Das ist doch kein Regenbogen«, antwortete ich schließlich. »Ganz toll, mein Schatz!« Lüge Nummer 1. Er strahlend: »Dir gefallen Bild?« Ich: »Es ist wunderschön!« Lüge Nr. 2.

Wie mir geht es vermutlich vielen Eltern: Kindern immer die brutale Wahrheit zu sagen, das geht einfach nicht. Vor allem und erst recht nicht, wenn sie noch so klein sind. Stattdessen schwindeln wir hier und da oder beschönigen etwas – um ihnen nicht ihr kleines Herz zu brechen oder zu sehen, wie sich ihre Äuglein vor lauter Enttäuschung mit einem Meer von Tränen füllen. Das mag nicht richtig sein, aber mir ist ein glückliches Kind mit gutem Selbstwertgefühl lieber als eines, das später mit

Depressionen und Minderwertigkeitskomplexen kämpft, nur weil Mama aus irgendwelchen moralischen Gründen partout nicht das Krickelkrakel-Kunstwerk loben wollte.

Diese Notlügen, um die Seele meiner Kinder zu beschützen, sind jedoch das eine. Ihretwegen hab ich tatsächlich nur kleine bis gar keine Skrupel. Das andere sind die Eisdielen-Lügen, die mir entweder aus Zeitnot, aus Bequemlichkeit oder aus Unlust, etwas zu tun, über die Lippen kommen. Da habe ich mitunter schon ein schlechtes Gewissen. Jedes Mal, wenn das passiert, schwöre ich mir, diese Schwindeleien sein zu lassen – um schon kurz darauf wieder zu Baronin Münchausen zu mutieren.

Bedauerlicherweise hatte mein Großer einen Narren an einem Mädel aus seinem Sportkurs gefressen, deren Mutter und ich einfach nicht auf einer Wellenlänge lagen. Manchmal merkt man das ja schon nach zwei, drei Sätzen belanglosen Smalltalks, während man Seite an Seite seine Kinder wieder anzieht. Und das ging mir bei dieser Frau so.

Doch mein Sohn hörte nicht auf zu betteln, dass dieses Mädchen uns doch mal besuchen solle, weil er ihr sein Spielzimmer zeigen wolle, und immer erfand ich eine Ausrede, warum das diesmal nicht ginge. Meist lief meine Lüge darauf hinaus, dass sie und ihre Eltern viel zu tun hätten und ständig unterwegs seien. Ich baute darauf, dass mein Sohn, so schüchtern wie er Fremden gegenüber ist, nie selbst an die Mutter herantreten würde, wenn diese ihr Kind vom Kurs abholte. Denkste! Eines schönen Tages ging er tatsächlich zu ihr hin und fragte ernsthaft: »Könnt ihr uns nicht mal besuchen? Ihr könnt doch nicht immer nur verreisen?«

»Ach du grüne Neune!«, dachte ich nur. »Hatte er das tatsächlich gerade gesagt?« Augenblicklich lief ich knallrot an und tat urplötzlich ganz geschäftig, indem ich meinem kleinen Sohn beim Anziehen assistieren wollte. Der wollte sich aber gar nicht helfen lassen und stellte augenblicklich seine Sirene an. Was mich noch nervöser werden ließ. Durch sein Geplärre hörte ich die Mutter zu meinem Großen sagen: »Viele Reisen? So oft fahren wir eigentlich gar nicht weg … Na klar kommen wir gern mal zu euch.« Keine Ahnung, ob sie erkannt hatte, wieso mein Sohn so eine seltsame Frage gestellt hatte. So sehr ich ihr Pokerface auch abscannte, ich konnte nicht ablesen, ob sie mich durchschaut hatte. Also blieb ich lässig freundlich, wir tauschten Handynummern und versprachen unseren Kindern, demnächst ein Playdate zu verabreden.

Die Wochen vergingen, die Mutter meldete sich nicht bei uns. Und genau das sagte ich meinem Sohn auch immer wahrheitsgemäß, wenn er danach fragte. Zum Glück kam er nie auf die Idee, dass ich die Mama doch zuerst anrufen könne. Irgendwann einmal nach dem Sportkurs kam das Mädchen auf mich zu gerannt und meinte vorwurfsvoll, wieso ich immer zu ihrer Mama am Telefon sagen würde, dass es mit dem Besuch nicht klappe, weil wir immer ein volles Haus hätten und wenig Zeit. Häh? Ich war verdutzt, schaute zu ihrer Mutter – und erkannte mich selbst wieder. Sie wurde knallrot und hektisch. Ich beugte mich zu dem Mädchen runter: »Du hast recht. Das war doof. Aber wir hatten in letzter Zeit wirklich viel Besuch und wenig Zeit. Aber nächsten Donnerstag kommt ihr mal bei uns vorbei, wenn euch das passt. Abgemacht?« Sie strahlte. Mein Sohn strahlte. Ich guckte

wieder zu der Mutter rüber, die nickte nur dankbar …
Offenbar bin ich nicht die einzige Mama auf der Welt,
die regelmäßig auf einer fliegenden Kanonenkugel Platz
nahm. Das ist gleichzeitig ein beruhigendes wie auch
beunruhigendes Gefühl.

Mongolische Wüsten- rennmäuse zu Besuch

Mittlerweile haben uns Sportkurs-Mutti und ihre Tochter
schon zweimal besucht, und einmal waren wir bei ihnen.
Und was soll ich sagen? Auf den zweiten Blick entpuppte
sich diese Frau als recht sympathisch. Und wir schämten
uns gemeinsam für unsere anfängliche Schroffheit und
Distanz. Außerdem lehrte mich diese Geschichte: Immer
gleich ein »Nein!« parat zu haben, wenn einen das Kind
um etwas bittet, ist wirklich etwas voreilig. Ab und an
lohnt es, darüber nachzudenken, ob man dem Wunsch
des Kindes nicht vielleicht doch nachkommen sollte.

Laut dem dänischen Familienexperten Jesper Juul ver-
tragen jüngere Kinder sowieso nur fünf Neins am Tag. Alles
andere würde sie überfordern. Mein erster Gedanke, als
ich das las, war: An die Eltern hat der Gute dabei offenbar
nicht gedacht. Denn mich würde es wiederum komplett
überfordern, nach fünf Neins nur noch Ja sagen zu dürfen.
An manchen Tagen hatte ich mein Nein-Soll sogar schon
zwanzig Minuten nach dem Aufstehen verpulvert.

»Nein, du kannst deinen Affenpulli heute leider nicht
anziehen. Der liegt im Wäschekorb.«

»Nein, du kannst dir die Zähne nicht mit Marmelade putzen!«

»Nein, bitte pul' die Erde nicht aus dem Blumentopf!«

»Nein, zum Frühstück gibt es kein Eis!«

»Nein, du kannst ›Paw Patrol‹ jetzt nicht schauen!«

Die Sonne war kaum aufgegangen, da war ich in den Augen meiner Kinder schon eine gemeine Nein-Sagerin, die nichts erlaubte. Familienexperte Jesper Juul, Gott hab ihn selig, würde sich vermutlich im Grab herumdrehen ob meiner Renitenz.

Aber ich bin ja lernwillig und hab mich dazu weiter belesen. Juuls Rat: Statt Nein zu sagen, sollen Eltern ihren Kindern eine sogenannte Ja-Umgebung schaffen, in der sie sich ausprobieren und austoben können, ohne ständig gehemmt und blockiert und werden.

Was hieß das nun konkret? Den Affenpulli, sofern er nicht hochgradig klebt und niemanden geruchsmäßig belästigt, noch einmal aus dem Wäschekorb raus- und dem Kind anziehen? Den Blumentopf lieber oben aufs Regal stellen, so dass der Spross erst gar nicht in Versuchung kommt, die Erde herauszupulen? Oder besser noch: erst gar keine Zimmerpflanzen anschaffen. Und wer hat eigentlich die Regel aufgestellt, dass es zum Frühstück kein Eis geben darf? Zumindest ausnahmsweise mal ... Aber ist morgen, übermorgen und überübermorgen dann auch eine Ausnahme ...? Schade, dass ich Herrn Juul dazu nicht mehr befragen kann.

Aber weiter im Text: Die Neins sollen sich die Eltern für die Male aufheben, wenn es wirklich angebracht ist, Nein zu sagen. »Nein, wirf mein Handy bitte nicht in die Badewanne« wäre so ein Fall. Oder: »Nein, bitte spring nicht auf die U-Bahn-Gleise.« Ständiges Neinsagen ginge bei Kleinkindern ins eine Ohr hinein und durchs andere sofort wieder hinaus. Kurzum: Es bringt rein gar nichts. Statt also: »Fass den Herd nicht an!« solle man, gemäß Expertenmeinung, vermutlich lieber sagen: »Der Herd ist ganz heiß, mein Hase. Du könntest dich verbrennen.«

Das klang ja alles total logisch und ich wollte da auch unbedingt an mir arbeiten. Aber das war gar nicht so leicht. Irgendein Vater, über den ich mal gelesen hatte, der hatte seine Neins am Tag mal mitgezählt – und kam auf über 30. Ich schätze, an miesen Tagen, mit viel Stress und wenig Schlaf, toppe ich das locker. Um Längen. Dieser Vater hatte ja auch nur ein Kind, ein Mädchen – und ich zwei Jungs. Ein erheblicher Unterschied.

Das merke ich vor allem, wenn ich mit meinen Kindern in den Supermarkt gehe. Ein Vater, der mit seiner dreijährigen Tochter eine Milch, drei Flaschen Wasser und einen Naturjoghurt im Glas kaufen möchte, wäre vermutlich in zehn Minuten wieder aus dem Laden raus. Ohne Krakeele, ohne Geheule. Vielleicht hätte das Mädchen vor der Eistruhe kurz mit den Augen geklimpert, der Papa hätte erst Nein zu einem überteuerten Ben & Jerry's-Eis gesagt und sich schließlich doch für einen Flutschfinger erweichen lassen, beim Blick auf seine den Tränen nahe Tochter.

Wenn ich mit meinen wilden Rabauken einen Supermarkt besuche und auch nur diese drei Dinge kaufen würde wollen, hätte ich dreimal so lange gebraucht. Mindestens. Und in diesen 30 Minuten hätte ich die Tagesration seiner 30 Neins komplett aufgebraucht: Fass dies nicht an. Fass das nicht an. Das kann ich nicht kaufen. Das brauchen wir nicht. Tu das bitte nicht in den Wagen. Zieh die Dose Erbsen bitte nicht aus dem Stapel. Setz dich bitte nicht auf die Milchpackung. Schmier deinen Popel bitte nicht am Kühlregal ab. Und so weiter. Am Ende hätten meine Jungs – Krakeele und Geheule inklusive – dennoch ein Ben & Jerry's-Eis abgestaubt. Nicht, weil sie es verdient hätten, sondern, damit ich mal kurz Ruhe habe, um den Bezahlvorgang an der Kasse abzuschließen.

Dennoch bemühte ich mich seit der Lektüre der Jesper-Juul-Ratschläge, diesen auch nachzukommen. Und trotzdem gab es Momente, da flutschte mir ein: »NEIN! BITTE SCHMIER MAMAS MANTEL NICHT MIT DÖNER-SOßE VOLL!« schneller raus als ein: »Mein Schatz, deine Dönersoße gehört auf den Döner. Ohne Soße schmeckt der Döner ganz trocken. Außerdem riecht Mamas Mantel dann ganz unangenehm nach Knoblauch und die Flecken gehen auch nur ganz schwer wieder raus.« Dieses »Ja-Umgebung-Schaffen und Nein-Vermeiden« erforderte also extrem viel Konzentration und Bedacht, was mir, die ihr Herz auf der Zunge trägt und schnell mal Sachen rausplauzte, in der Regel extrem schwerfiel. Erst recht, wenn ich hungrig und unterzuckert war und nur noch meinen Döner verschlingen wollte.

Irgendwann, kurz nach meiner Verinnerlichung der Juul'schen Vorsätze, waren wir mit unseren Kindern im Zoo. Während wir den Elefanten beim Pinkeln, Fressen und Herumstehen zuschauten, sagte mein Kurzer: »Mami, ich will Eli haben!« Der Impuls meines früheren Nein-Ichs wäre gewesen, zu sagen: »Schatz, das geht nicht!« Und die Sache wäre vom Tisch gewesen. Mein neues bejahendes Ich ließ sich jedoch auf ein Gespräch dazu ein. Ich also zurück: »Du willst einen Elefanten haben?« Er nickte eifrig. Ich so: »Aber was denkst du denn, wo der bei uns wohnen könnte? Der kann doch nicht die ganze Zeit auf unserer kleinen Wiese stehen. Da friert er doch. Der braucht doch auch ein Dach über dem Kopf. Aber in unseren Schuppen passt doch noch nicht mal ein Pferd. Wie wäre es, wenn wir dir am Ausgang einen kleinen Plüsch-Eli kaufen, der darf dann bei dir im Bett wohnen.« Der Kurze strahlte und gab sich mit meiner Antwort zufrieden. Ich war ein bisschen stolz auf mich. Auch wenn ich inständig hoffte, dass es überhaupt Plüsch-Elis im Zoo-Geschäft gab und dass diese nicht ein Vermögen kosteten.

Leider hatte ich die Rechnung ohne meinen Großen gemacht, der unser Gespräch verfolgt hatte und sich nun einschaltete: »Na, dann holen wir uns eben ein Pony! Das passt in den Schuppen.« Ach du liebe Güte, dachte ich so bei mir. Wird das jetzt eine ernsthafte Haustier-Diskussion? Ich also: »Mein Schatz, unser Schuppen ist doch bis oben hin zugestellt mit eurem Spielzeug, Papis Werkzeug und den Gartenmöbeln. Das arme Pony hätte also gar keinen Platz … Aber vielleicht gibt es im Zoo-Geschäft ja auch ein Plüsch-Pony.« Mein Großer dachte aber gar nicht daran, sich mit einem unechten Mini-Pony aus Synthetik abspeisen zu lassen. Er also: »Gut, Mami, dann kaufen wir eben einen Hund. Der darf auch bei mir im Zimmer schlafen. Da ist genug Platz.« Ich konterte: »Und wer geht dann mit dem Hund dreimal am Tag Gassi? Ich habe dafür leider keine Zeit.« Auch jetzt gab sich der Knirps nicht geschlagen: »Das mach ich. Ich nehme ihn einfach mit in die Kita und da kann er mit uns im Garten spielen.« Ich musste wieder die Spielverderberin sein und erklärte, dass Haustiere in der Kita bedauerlicherweise nicht erlaubt seien. Doch er gab nicht auf: »Dann eben eine Katze. Die bleiben alleine zu Hause. Das weiß ich von Lisa. Die hat auch eine.« Ich: »Du weißt doch, dass das nicht geht, weil die Mami eine Katzenallergie hat.« Ich griff vor: »Und auch eine Meerschweinallergie.« Er unternahm einen letzten, verzweifelten Versuch: »Und was ist mit Fischen?« Ich: »Gegen die bin ich auch allergisch.« Beide Kinder ließen schlagartig die Köpfe hängen.

Sogleich fühlte ich mich mies: Ich hatte nicht nur mein neues, bejahendes Ich mehrfach verraten, ich hatte dazu noch gelogen, denn natürlich hatte ich keine Allergie gegen Fische. Gibt es das überhaupt? Eine Schuppen-Allergie? Gegen Katzen- und Meerschweinchen-Haare war ich aber wirklich allergisch. Zumindest laut einem Test, der gemacht wurde, als ich etwa zwölf Jahre alt war. Also vor dreißig Jahren. Damals hatten wir zu Hause zwei Meerschweinchen, Nicki und Herbert. Wobei, wie sich später herausstellte, Nicki ein Männchen war und Herbert ein Weibchen. Die Namen behielten sie trotzdem. Gekauft hatten wir keines von beiden in der Tierhandlung. Mein Bruder, der mit seinen Kumpels viel in Wald und Wiesen spielte (Playsi und X-Box gab's ja damals noch nicht), hatte sie gefunden. Kurz hintereinander. Offenbar waren beide ausgesetzt worden. Also wurden wir ihre Adoptivfamilie. Bis ich irgendwann merkte, dass mir zu Hause ständig die Augen juckten und tränten und ich kaum noch Luft bekam. Der Allergologe bescheinigte mir dann auch eine multiple Tierhaarallergie plus eine Allergie gegen Birken, Haseln, Erlen und Frühblüher. Und das, obwohl ich jede Sommerferien auf dem Bauernhof meiner Oma verbracht hatte. Von wegen: Gesunde Bauernluft stärkt das Immunsystem. Wie dem auch sei, wir waren nun gezwungen, die Tiere wegzugeben. Doch noch während wir nach einer Lösung suchten und überall herumfragten, starben beide Meerschweinchen. Kurz hintereinander. Erst Nicki, und Herbert folgte ihm, sicher aus Gram, weil ihr bester Freund nun nicht mehr da war. Obwohl ich sie ja zuletzt nicht mehr bekuscheln durfte, hat mich ihr Tod sehr mitgenommen. Vielleicht war ich deshalb lange Zeit nicht mehr so scharf auf ein Haustier.

Dennoch hatte ich auch Tage nach der Haustier-Diskussion ein schlechtes Gewissen meinen Söhnen gegenüber. Doch irgendwann kam mir eine Idee, wie ich mich wieder bei ihnen einkratzen und ein paar Punkte sammeln konnte. Freunde von uns haben zwei Mongolische Wüstenmäuse, also bat ich sie eines Tages, mir den Mäusebau samt Bewohnern für kurze Zeit auszuleihen. Da die Familie ohnehin eine Reise geplant hatte, waren sie froh, gleich einen Betreuer für ihre Tiere gefunden zu haben.

Als meine Kinder von der Kita kamen und unsere neuen Mitbewohner erblickten, waren sie außer sich vor Freude. Kelly und Polly waren zwar weder Ponys noch Hunde, aber immerhin zwei echte und lebendige Haustiere. Die Kinder hatten Spaß mit und an ihren neuen Spielgesellen: Sie streichelten, sie beobachteten und sie fütterten sie. Und sie halfen mir sogar beim Saubermachen des Häuschens. Sie bauten sogar Mini-Spielzeug für Kelly und Polly. Zu sehen, was meine Kinder für ein Engagement an den Tag legten und wie liebevoll sie sich kümmerten – da ging mir das Herz auf. Ich wurde weich und fing an, mich im Internet über die Haltung von Wüstenrennmäusen schlau zu machen. Zum Glück beließ ich es vorerst bei der Recherche.

Denn schon an Tag 6 fand ich mich am Nachmittag, als wir von der Kita zurück waren, allein vor dem Mäuse-Häuschen wieder, während meine Kids lieber im Spielzimmer Eisenbahnschienen zusammensteckten. Tag 7 und 8 liefen ähnlich ab. Das Mäusefieber war offenbar abgeklungen. An Tag 9 brachte ich Kelly und Polly zurück zu ihrem richtigen Zuhause. An Tag 11 bemerkte mein Großer, dass die Mäuse nicht mehr da waren, und brach augenblicklich in großes Geschrei aus. Meine Bemerkung, dass weder er noch sein Bruder sich am Ende für die Tiere interessiert hatten, überhörte er. Dafür schluchzte er trotzig: »Dann will ich jetzt aber einen Hasen!«

Da ich an besagtem Tag 11 meine fünf Neins noch nicht verbraucht hatte, konnte ich seinen Wunsch mit gutem Gewissen abschlagen. »Schatz, wir lassen das jetzt erst einmal mit den Haustieren. Aber lass uns in ein, zwei Jahren noch mal drüber reden.« Mit der Aussicht, gleich eine Folge »Paw Patrol« auf dem Tablet schauen zu dürfen, gab er sich mit meiner Antwort zufrieden. Nur um kurz darauf zu fragen: »Mami, Papis Ipad ist so zerkratzt. Kannst du mir kein neues kaufen?« Ich setzte mein fünftes und letztes Nein für diesen Tag ein und antwortete ihm liebevoll, aber deutlich: »NEIHEIN!«

Eine Überdosis »Paw Patrol«

Ich gebe es ehrlich zu, wenn ich mich einer unangenehmen Diskussion mit meinen Kindern mal entziehen will – sei es aus Zeitnot, weil ich mich für einen Termin fertig machen muss, wegen pochender Kopfschmerzen oder weil ich das Skype-Gespräch mit meiner australischen Freundin in Ruhe zu Ende führen möchte –, dann ziehe ich gern mal die iPad-Karte. Nicht häufig. Aber ab und an. Vor allem im Winter, wenn sich die Kids nicht so einfach vor die Tür jagen lassen.

Dennoch achte ich darauf, dass die Glotze nicht zum Hauptentertainmentinstrument meiner Kinder mutiert. Doch in manchen Momenten empfinde ich dieses rechteckige Flimmerding einfach nur als Riesensegen. Wie einmal im Flieger nach Korfu. Der Kurze bestieg schon mit komplizierter Laune den Flieger und wollte dann lieber rumalbern, rumkrakeelen und rumrennen, als stillzusitzen und brav aus dem Fenster zu schauen. Nicht nur wir, die Erziehungsberechtigten, waren irgendwann schwer genervt, versuchten aber, die Fassung und die Ruhe zu bewahren, auch die anderen Passagiere fanden die Gebaren unseres Jüngsten schließlich nicht mehr nur noch drollig. Um einer Eskalation vorzubeugen, drückten wir ihm, kaum waren wir in der Luft, das iPad in die Hand, setzten ihm Kopfhörer auf und klickten in unserem Kinderfilmarchiv auf »Peppa Wutz«. Die zehnminütige Folge war noch nicht mal zu Ende, da war der Knirps schon weggepennt – und wir alle konnten einen ruhigen Flug genießen. Wirklich stolz war ich nicht auf die Aktion – aber in manchen Notsituationen muss man einfach auch mal den iPad-Joker ziehen dürfen. Da sind mir selbst die hochgezogenen Augenbrauen anderer Mütter egal, die NIEMALS ein mediales Element zur Kind-Beruhigung einsetzen würden. Das behaupten sie zumindest.

Unter Eltern, und das merke ich auch im eigenen Freundeskreis, wird das Thema Glotzenkonsum sehr häufig und sehr kontrovers diskutiert. Dabei ploppen immer unglaublich viele Fragen auf: Sollte mein Kind überhaupt fernsehen? Wenn ja, wie lange? Und dann nur im Fernsehen oder auch auf dem Tablet? Welche Sendungen oder Filme sind überhaupt kindgerecht oder einfach nur strunzendoof? Lieber nur KiKA schauen oder geht auch mal der Disney Channel?

Ich glaube, die eine richtige Antwort auf jede dieser Fragen gibt es nicht. Alle Eltern müssen da ihre eigenes Maß und ihre eigenen Regeln finden. Ich empfinde das nicht als leicht, deshalb erfahre ich sehr gerne, wie andere Erziehungsberechtigte mit der Glotz-Thematik umgehen. Mal denke ich dabei nur: Cooler Ansatz! Oder aber: Ach, du meine Güte!

Einmal besuchte mich eine alte Bekannte mit ihren beiden vier- und sechsjährigen Kindern. Es war um die Mittagszeit, ich hatte Nudeln gekocht und die Gören bestanden tatsächlich darauf, vor der Mattscheibe ihre Spaghetti zu zutschen. Genauso wie daheim. Ihre Mutter intervenierte nicht, und ich war so übertölpelt, dass ich nur darum bat, unseren beigen Teppich bitte in seiner Ursprungsfarbe zu belassen. Natürlich war der am Ende rot besprenkelt, und als ich nach anderthalb Stunden fragte, ob wir das TV langsam mal ausstellen sollten, meinte meine Bekannte nur: »Nee lass mal, da nerven die uns nur. Ich wollte dir doch noch von meinem neuen süßen Chef erzählen. « Ach so. Na dann ...

Zum Glück waren meine Jungs zu dieser Zeit in der Kita und konnten sich den Mist nicht abgucken. Ich lasse zwar selbst gern die eine oder andere Hausregel mal schleifen, aber vor dem Fernseher wird bei uns nicht gegessen. Schon gar nicht Spaghetti mit roter Soße. Und erst recht nicht mehr als zwei Stunden lang.

Ich habe aber auch schon von Fällen gehört, da läuft das genaue Kontrastprogramm: Eine befreundete Grundschullehrerin erzählte mir mal von einer Familie, die Fernsehen, Netflix, Sky & Co. komplett aus ihrem Leben verbannt beziehungsweise es noch nie hineingelassen hatten. Der Junge dieser Familie ging bei ihr in die 1. Klasse. Als sie einmal im Unterricht einen fachspezifischen kurzen Film zeigte, drehte dieser Junge beinahe durch, weil er das Fernsehen nicht gewöhnt und daher komplett überreizt war. Seine Mutter erschien daraufhin wutschnaubend in der Schule und beschwerte sich, dass ihr Sohn aufgrund fragwürdiger Unterrichtsmethoden ein schweres Trauma erlitten hätte. Sie nahm den Jungen daraufhin von der Schule. Seither geht er in eine Waldorf-Schule.

Von einem absoluten TV-Verbot halte ich so viel wie von einem Süßigkeiten-Verbot. Nämlich rein gar nichts. Vernünftig dosiert und gut ausgewählt finde ich beides okay. Bei einem Kindergeburtstag, den ich mit meinen Jungs besuchte, gab es Unmengen an Süßkram. Meine Söhne interessierten Gummibärchen und Schokoplätzchen aber deutlich weniger als der ferngesteuerte Roboter, den der Junge, der geladen hatte, geschenkt bekommen hatte. Warum? Weil die Kalorienbomben für beide nichts

Besonderes waren. Es gab sie auch bei uns zu Hause. Im Gegensatz zu dem Roboter. Ein anderer kleiner Junge war dagegen Stammgast am Süßigkeitentisch. Weil seine Mama nicht da war, äußerte ich ihm gegenüber leise Bedenken, dass ihm schlecht werden könnte, wenn er weiter so futtere. Bei ihnen zu Hause würde es so etwas aber nie geben, erklärte er mir mit dicken Backen und schob sich schon den nächsten sauren Wurm in den Mund. Deshalb müsse er heute alles ausprobieren. Das rührte mich so sehr, dass ich ihn weitermampfen ließ. Als er fertig war und wieder zu den anderen spielen ging, räumte ich jedoch schnell das Süßkram-Buffett leer beziehungsweise das, was diese kleine Raupe Nimmersatt davon übrig gelassen hatte. Nur präventiv, damit der Kleine nicht wieder in Versuchung geriete und es am Ende ein böses Erwachen über der Kloschüssel gäbe.

Auch beim Fernsehkonsum gilt bei mir der Leitsatz: Die Dosis macht das Gift! Das bedeutet: Unsere Jungs dürfen sowohl auf dem Fernseher als auch auf dem iPad mal etwas schauen. Und ab und an auf meinem Handy ein Kinderspiel spielen. Selbstverständlich schaue ich immer, was sie da konsumieren. Und ich gucke auch auf die Uhr, damit die Zeit vor der Mattscheibe nicht ausufert. Aber auch ich habe meinen Großen schon mal dabei erwischt, wie er heimlich mit Papis Handy hinterm Vorhang des Wäscheraums saß und »Yakari« guckte. Wie er an den Handycode kam, verrät er bis heute nicht. Natürlich änderten wir den sofort.

Meine Kinder sitzen also sehr gern vor der Glotze und lassen sich berieseln. Die besten erzieherischen Effekte erziele ich daher auch, wenn ich drohe, dass der Fernseher heute Abend ausbleibt, sofern sie nicht vorher ihr

Spielzimmer aufräumen. Würde ich stattdessen sagen: »...
dann singen wir heute Abend vor dem Zubettgehen kein
Gute-Nacht-Lied«, würde ich sie nicht annähernd so erfolgreich motivieren, für Ordnung zu sorgen. Manchmal
gibt mir das schon zu denken.

Aber mal Hand aufs Herz: Ich war ja als Kind nicht
anders. Auch auf mich übte die Mattscheibe mit dem Be-
wegtbild eine riesige Faszination aus, obwohl wir damals
nur ein grisseliges Röhrenbild hatten. Wenn mich meine
Eltern ins Bett gebracht hatten, schlich ich oftmals wieder
raus in den Flur, kauerte mich in die Ecke und schaute
als heimlicher Zuschauer mit, wenn meine Eltern »Willi
Schwabes Rumpelkammer« oder den »Polizeiruf« guckten.
Als ich beim Anblick eines heimtückischen Mordes aber
einmal laut vor Schreck aufschrie, flog mein Geheimver-
steck auf. Seither wurde im Flur allabendlich patrouilliert,
und mein nächtliches Unterhaltungsprogramm fand bedauerlicherweise keine Fortsetzung mehr. Aber zumindest
hatte ich ab da auch keine Albträume mehr von irgendwelchen Mordszenen. Am Wochenende und manchmal
auch wochentags durfte ich jedoch Fernsehen schauen.
Nicht im zugigen Flurversteck, sondern ganz bequem im
Kunstleder-Rollsessel mit Blick auf die Schrankwand, wo
der wuchtige TV-Würfel eingebaut war. Professor Flimm-
rich, Clown Ferdinand oder Schlapperplapper, Masine und
Casimir aus dem Spielhaus – sie alle gehörten zu den
treuen Begleitern meiner DDR-Kindheit.

Heute schauen meine Kinder Serien mit spacigen Namen
wie »Paw Patrol«, »PJ Masks«, »Peppa Pig«, »Ninjago« oder
»Super-Wings«. Die Schnitte sind viel rasanter als damals,
die Farben greller und die Sprache schneller. Die Zeiten
ändern sich eben. Auch im Kinderserienkosmos. Bis vor

etwa drei Jahren, als ich noch keine Ahnung vom heutigen Kinder-TV-Programm hatte, hätte ich vermutlich gedacht, diese Namen bezeichnen die neuesten Kreationen einer amerikanischen Fastfood-Kette. Doch bei Peppa Pig handelt es sich nicht um einen knusprigen Schweinefleisch-Burger und bei den Super-Wings nicht um Chicken-Wings in XXL-Größe. Mittlerweile weiß ich, die genannten Begriffe sind allesamt Titel von Cartoon-Serien, die bei Kindern im Alter zwischen drei und sechs Jahren megaangesagt sind, deren Eltern umso mehr langweilen und die den Filmemachern unfassbar viel Geld in die Taschen spülen. Vor allem dank der Trillionen Spielzeugartikel, die es von diesen Filmhelden gibt und die sich mittlerweile in jedem Kinderzimmer stapeln. Unserem eingeschlossen.

Welche Filmhelden bei meinen Jungs angesagt sind, bestimmt der Zufall. Oder was die Kita-Kumpels gerade cool finden. Ich bin immer froh, wenn wir mal nicht in der Paw-Patrol-Phase sind, denn langsam gehen mir diese nervigen Figuren gehörig auf den Zeiger, so oft wurde ich schon mit ihnen konfrontiert und von ihnen beschallt. Im Auto wird in so einer Phase täglich auf dem Weg zur Kita und zurück eine unserer fünf Paw-Patrol-CDs gehört. Selbstverständlich haben wir auch drei Paw-Patrol-Bücher im Regal, aus denen der Papi oder ich abends vorlesen müssen. Und ich wurde schon genötigt, zwei Paw-Patrol-Pyjamas zu kaufen, obwohl ich die mit den Waldtieren viel schöner fand.

Für diejenigen, die keinen Schimmer haben, von was ich hier rede: Mit der Paw Patrol, also der »Pfoten-Patrouille«, sind sechs Hundewelpen gemeint, von denen jeder etwas Tolles kann und die in jeder der elfminütigen Folgen entweder die Welt oder zumindest ein Huhn vorm Ertrinken retten. Der Ablauf ihrer Missionen ist immer gleich. Ich finde: ermüdend gleich. Aber meine Kinder sind jedes Mal fasziniert und fiebern mit, obwohl es noch nie kein Happy End gab. Die Hunde heißen Marshall, Zuma, Rocky, Rubble, Chase und Skye. Ihr Chef ist der ziemlich naseweise Technik-Freak Ryder, der zehn Jahre alt sein soll, im Film und im Hörspiel aber mindestens wie spätpubertäre sechzehn klingt. Ehe ich mir all diese Namen merken und richtig zuordnen konnte, vergingen Wochen. In der Zeit konnte mein Großer bereits das erste Hörbuch nachplappern und mein Kurzer das Eingangslied auswendig trällern. Und natürlich sprechen beide auch jeden der Hundenamen im breitesten amerikanischen Englisch korrekt aus. Kinder verinnerlichen Fremdsprachen ja sehr schnell. Im Gegensatz zu ihrer Omi. Immer wenn sie ihnen aus einem der Paw-Patrol-Bücher vorliest, müssen wir alle herzlich lachen. Denn bei Oma, die Englisch nie in der Schule hatte, wird Rubble, der korrekt Rabbel mit amerikanischen r vorn, ausgesprochen wird, zu Rubbel. Und Zuma, die man Suuhma ausspricht, wird zu Zzuhma.

Eines Tages, als ich befürchtete, wenn ich jetzt noch eine Folge Paw Patrol sehen oder hören muss, mausetot umzufallen – wie nach einer Überdosis Heroin –, machte ich meinen Kindern einen Vorschlag: Wie wäre es, wenn wir uns mal eine unglaublich tolle Serie aus Mamis Kindheit angucken? Wir machten es uns auf der Couch gemütlich und schauten: »Heidi«. Mein erhoffter Plan ging auf: Meine Kinder waren angefixt. Und da Heidis Geschichte in mehr als fünfzig Folgen erzählt wird und wir nur eine pro Abend anschauten, hatte ich in den nächsten Wochen Ruhe vor der Pfoten-Gang und all den anderen fürchterlich anstrengenden Comic-Figuren.

Wie die Hühner auf der Stange

Bis sie selbst keine Lust mehr darauf hatten, schleppte ich meine Kinder dienstagnachmittags zu ihrem Sportkurs, es sei denn, der Schweinehund saß mir im Weg. Denn diesen Kurs besuchte ich wirklich nur ihnen zuliebe und nicht, weil ich daran Spaß hatte, eine Stunde lang auf einer unbequemen lehnenlosen Bank in einer sauerstoffarmen Halle zu sitzen.

Eigentlich war es gar nicht nötig, dass die Eltern mit dablieben, es sei denn, das Kind widersetzte sich lautstark und beharrte darauf, dass Mami sich nicht vom Fleck rührte. Wie in meinem Fall. Während mein Großer, ohne mich zwischendurch auch nur eines Blickes zu würdigen, den Anweisungen der Trainer folgte und eifrig mitturnte, versicherte sich mein Kurzer immer wieder, dass ich auch brav auf der Bank saß, holte sich zwischendurch seine Schmuseeinheiten ab und erklärte mir: »Will nicht Einhorn sein!«, während alle anderen Kinder mit ihrem Arm am Kopf durch die Halle torkelten. Da ich einen lautstarken Eklat vermeiden wollte, blieb ich also sitzen und verkniff mir zwischendurch sogar den Gang zur Toilette. Irgendwann, so hoffte ich, würde er so weit sein und mich gehen lassen. Zu seiner Verteidigung muss ich auch sagen, dass er der Allerjüngste war und eigentlich noch in den Kurs eine Stufe darunter gehört hätte, den die Eltern begleiteten. Da ich aber weder Zeit noch Lust hatte, nach der Kita zwei Sportkurse anzusteuern und zwei Nachmittage in einer stickigen und müffelnden Halle zu verbringen, durfte er seinen großen Bruder in den Kurs der 3- bis 4,5-Jährigen begleiten.

Ich war jedoch nicht die einzige Bank-Mami. Je nach Laune der Kinder saßen zwischen zwei bis fünf Schicksalsgenossinnen mit mir wie die Hühner auf der Stange. Mit einer dieser Mütter verstand ich mich ganz gut und irgendwann in einem unserer Pläusche landeten wir – natürlich – bei »Paw Patrol«. Offenbar war auch ihr Sohn komplett infiziert, während sie diese hyperaktiven Kläffer kaum noch ertragen konnte. Ich erzählte ihr daraufhin konspirativ von meinem »Heidi«-Trick, und dass ich schon überlege, welche weitere Serie aus meiner Kindheit wir danach schauen könnten. Plötzlich schaltete sich ungefragt eine weitere Mutter in unser Gespräch ein und sagte spitz: »Wie wäre es zur Abwechslung mal mit Vorlesen?« Wir schauten sie ganz verdutzt an. Ehe wir etwas antworten konnten, ließ sie uns wissen, dass ihr viereinhalbjähriger Sohn schon angefangen habe, selbst zu lesen. Und dass seine sechsjährige Schwester schon vor Schuleintritt »Der Grüffelo« vorlesen konnte. »Und dass nur, weil wir, statt mit ihnen vor dem Bildschirm zu sitzen, vorgelesen und die Buchstaben erklärt haben.« Damit beendete sie ihren ungebetenen Angebermonolog.

Während ich noch dabei war, baff zu sein und mich fragte, ob die Mutter eines Viereinhalbjährigen, der offenbar schon so selbständig war und lesen konnte, tatsächlich beim Sportkurs mit dabei sein müsse, antworte die Mama, mit der ich eben noch über »Paw Patrol« gesprochen hatte: »Das ist aber toll für Ihre Kinder. Sicher haben Sie auch schon deren IQ messen lassen, und der lag sicher bei unfassbaren 135. Und darüber sind Sie fast geplatzt vor Stolz. Herzlichen Glückwunsch! Ich kann nur hoffen, dass die soziale Intelligenz ihre Kinder ebenfalls höher liegt als die ihrer Mutter.« Bevor Grüffelo-Mutti daraufhin etwas erwidern konnte, hatte sich Paw-Patrol-Mama demonstrativ von ihr abgewandt und fragte mich lautstark: »Also wie war das? Was für Kinderserien empfiehlst du uns noch?«

Eigentlich wollte ich der Grüffelo-Mutti noch an den Kopf werfen, dass ich meinen Kindern sehr wohl Bücher vorlese und mit ihnen singe (wenn auch schief und mit falschen Texten), und dass ich mit ihnen Nonsens-Reime und lustige Geschichten erfinde – aber es war völlig egal. Denn diese Übermutter war gar nicht interessiert an anderen Kindern. Sie hatte lediglich eine Gelegenheit gesucht, ihre Sprösslinge in den Olymp zu heben. Und das geht natürlich am besten, indem man andere Kinder und deren Mütter in den Schatten stellt, damit die eigenen Kinder besonders strahlen.

Mittlerweile durchschaute ich diese Mütter-Spezies ganz gut, denn sie begegnete mir oft, viel zu oft, leider. Ein paar Beispiele gefällig? »Ach, dein Kleiner schläft noch nicht durch? Aber er ist doch schon zweieinhalb. Also meine Tochter schlief schon mit drei Monaten zehn Stunden am Stück. Bis heute müssen wir sie morgens wecken.« Oder: »Was, dein Sohn ist noch nicht windelfrei? Wie lange willst du dir das noch antun? Hatten wir da ein Glück. Unsere Motte wollte schon mit anderthalb ihr Pipi nur noch auf dem Klo erledigen. Nicht mal ein Töpfchen haben wir gebraucht.« Oder gerne auch: »Dein Großer fährt noch nicht Fahrrad? Ernsthaft? Also unser Mäuserich würde am liebsten schon ohne uns zur Kita radeln.«

Ich sehe in diesem ganzen Mein-Kind-kann-das-was-dein-Kind-nicht-kann-Gefasel absolut keinen Sinn.

Kinder und ihre persönliche Entwicklung sind nun mal unterschiedlich. Der eine kann früher laufen, der andere eher das Einmaleins und der Dritte kann als Erstes aus seiner Klasse ›Rhythmus‹ richtig buchstabieren. Jedes Kind ist eben individuell und einzigartig. Genau wie wir Großen. Der eine versteht etwas von Quantenphysik, der andere kann einen Biedermeierschrank restaurieren und der Nächste hat keinerlei Fähigkeiten und wird trotzdem Präsident. Niemand käme auf die Idee, diese drei Typen miteinander zu vergleichen. Wieso tun wir es dann mit unseren Kindern? Und was erzeugt das denn in Müttern, deren Kinder bei all den Vergleichen immer unten am Olymp stehen? Nicht anderes als Unsicherheit, Frust und miese Laune. Auch an mir prallt nicht jede subtil ge-äußerte Kritik einfach so ab. Um das zu lernen, müsste ich vielleicht mal bei Donald Trump als Praktikantin an-heuern.

Vor allem, als es darum ging, dass mein Kurzer mit sei-nen zweizweidrittel Jahren noch Windeln trug, nahm ich mir Kritik in diese Richtung sehr zu Herzen. Ich wünschte mir ja selbst so sehr, dass wir uns und der Umwelt endlich einen Gefallen tun könnten und keines von diesen Plastik-höschen mehr benötigten. Umso gereizter reagierte ich auf jeden Windel-Kommentar. Der Liebste war da deut-lich entspannter und mahnte mich immer wieder, mich doch mal locker zu machen. Er fragte, ob ich irgendein Kind kenne, das noch mit vierzehn Windeln trüge? Bei diesen Worten sah ich mich jedes Mal in der Aula sitzen und fiebern, dass bei meinem Vierzehnjährigen, wenn ihm gerade auf der Bühne seine Jugendweiheurkunde überreicht würde, bitte nicht der Windelrand aus dem Hosenbund gucken möge … Ach du liebe Güte. Was für ein Albtraum. »Irgendwann wird er es schon lernen. Das ist doch immer dein Mantra. Was lässt du dich denn da von irgendwelchen Uschis verunsichern? Und bitte, hör endlich auf, dich, den Kleinen und auch mich mit dem Thema so zu stressen. Langsam nervt's. Echt!« So wusch mir der Liebste dann jedes Mal in seiner unnachahmlich sensiblen Art den Kopf.

Er hatte ja recht. Dennoch fragte ich eindringlich beim Kinderarzt nach, ob hier wirklich alles mit rechten Dingen zuginge: Vielleicht leide mein Sohn unter einer angeborenen Form der Inkontinenz? Oder hatte eine mentale Blockade? Der Arzt blies jedoch in das selbe Horn wie der Kindsvater: »Frau Groth, Ihr Sohn ist noch nicht mal drei. Sie fragen mich das nicht ernsthaft, oder?« O Gott, so wurde mir in diesem Moment bewusst, ich entwickelte mich tatsächlich langsam, aber sicher zu einer hysterischen Glucke, die zwar nur das Beste für ihr Kind wollte, sich jedoch genau gegenteilig verhielt.

Einen Sündenbock für meine sich entwickelnde Persönlichkeitsstörung hatte ich natürlich schnell ausgemacht: Jede einzelne Angeber-Mutti, die mir ungefragt die Trockenlegungsberichte ihrer Kinder schilderte, trug Schuld daran. Ich schwor mir: Das hat ab jetzt ein Ende! Von nun an fahre ich schweres rhetorisches Geschütz auf, sollte mir wieder mal einer dumm kommen.

Und tatsächlich, lange sollte es nicht dauern, dass die Windel meines Sohnes erneut zum großen Thema wurde. Und zwar, wo sonst, im Sportkurs, ausgesprochen von der Grüffelo-Mutti … Da Paw-Patrol-Mutti an diesem Tag nicht da war, hatte ich mich demonstrativ ans Ende der Bank gesetzt, sofort eine Zeitschrift ausgepackt und meine Nase reingesteckt, nur um mir ein Gespräch mit Grüffelo-Mutti vom Hals zu halten. In einer Mutter, die zum ersten Mal mit ihrem Kind da war, fand sie aber sogleich ein neues Opfer für ihre Ego-Show. Als ich gerade begann, mich in einem Beitrag über ›Helikopter- und Rasenmäher-Mütter‹ festzulesen, hörte ich Grüffelo-Mutti plötzlich laut und unüberhörbar tönen: »Meine Kinder waren beide mit zwei Jahren trocken. Aber es gibt ja Eltern, die ziehen ihren Kindern aus purer Bequemlichkeit noch Windeln an.« An wen sie diese lautstarke Botschaft sendete, war völlig klar. Ich wurde wütend, doch erinnerte mich an meinen jüngsten Schwur. Ich sammelte mich also kurz und rief, wie ich fand, in einem megalässigen Ton, hinüber: »Tja, während andere Kinder banalen Dingen wie dem Töpfchentraining nachgehen, kann mein Sohn in seinem Alter, im Gegensatz zu anderen Kindern, schon korrekt bis drei zählen. Jeder, wie er eben kann!« Ich deutete mit den Kopf zu den Kids, die kurz zuvor die Anweisung von Trainer bekommen hatten, drei Ringe vom Boden einzusammeln. Mein Kurzer hatte die korrekte Ringzahl in der Hand. Ihr Sohn stand da mit sieben Ringen. Ich seufzte noch einmal in einem übertrieben gelangweilten Ton und hielt mir wieder meine Zeitschrift vor die Nase.

Ich hätte daraufhin alle möglichen Reaktionen von ihr erwartet, diese, die dann kam, hatte ich jedoch absolut nicht auf dem Schirm. Sie so: »Ich weiß nicht, ob Sie schon jemand darauf hingewiesen hat, aber Sie tragen Ihr Kleid auf links gedreht.« Häh? Ich stutzte. Wovon zum Henker sprach diese Frau? Waren wir eben nicht noch bei der Mathematik der Ringe? Ich sah an mir herunter. Und tatsächlich: Ich blickte auf eine Innennaht und einen Waschzettel am Saum. Wie peinlich! Ich wurde knallrot, nuschelte: »Danke für den Hinweis!« und hastete aufs

Klo, um mein Kleid richtig herum zu drehen. Bevor ich zur Kita gehetzt war, hatte ich in Eile blind in den Schrank gegriffen und meinen Homeoffice-Schlabberlook gegen besagtes Kleid getauscht. Das nannte man dann wohl: Eigentor. Und was für ein demütigendes. Gott sei Dank war der Kurs, als ich von der Toilette zurückkehrte, vorbei und ich musste mich nicht von triumphierenden Blicken durchlöchern lassen.

Doch als hätte mein Kurzer gespürt, dass Mama nach diesem Desaster etwas Trost benötigte, vollbrachte er noch in derselben Woche ein kleines Wunder. An einem sonnigen Nachmittag spielten wir nackig im Garten und bespritzten uns mit dem Wasserschlauch – also meine Kinder waren nackig, ich ließ das aus Rücksicht auf die Nachbarn lieber bleiben –, da sagte mein Kurzer plötzlich: »Mama, ich geh pullern.« Er strahlte mich an, rannte zum Erdbeerbeet und ließ es laufen. Ehe ich schreien konnte, bitte nicht dort, hatte er sein Geschäft schon erledigt und war stolz wie Bolle. Und ich erst. Auch wenn es schade um die Beeren war. Aber egal. Für so eine Glanzleistung muss man auch mal Opfer bringen. Ich nahm ihn hoch und herzte ihn, bis ihm die Luft wegblieb und er nur noch rief: »Ich will nunter, Mama. NUNTER!«

Ich dachte an den Sportkurs und rief lauthals gen Himmel: »Nimm das, Grüffelo-Mutti! Er kann es nämlich doch. Von wegen: Muttis Bequemlichkeit! Und morgen will er mir zeigen, wie man binomische Formeln löst. Alle fünf.« Der Liebste hörte mir, während er die Erdbeeren mit dem Schlauch abspritzte, nur kopfschüttelnd zu. »Was brüllst du denn da …? Wer zum Geier ist denn Grüffelo-Mutti? Und überhaupt: Es gibt nur drei binomische Formeln.« – »Herr Schlau-Schlau wieder!« Ich verdrehte theatralisch die Augen. »Drei, vier oder fünf? Ist doch völlig egal. Heute hat ein neues Kapitel begonnen: Unser Kurzer gehört jetzt zu den Großen. Und ich muss zu seiner Jugendweihe keine Albträume ausstehen.« Er verstand wieder nur Bahnhof, verzichtete diesmal aber auf jegliche Nachfragen und widmete sich lieber wieder den Erdbeeren. Ich ging in die Küche und trug in unseren Familienkalender ein: »Pinkel-Debüt!!!« und umrandete das Datum mit einem großen Herz.

Schnick Schnack Schnuck vorm Elternabend

Den Familienkalender hatte ich mir bei meinen Eltern abgeschaut. Auch sie haben in ihrer Küche solch einen Wandkalender hängen, in den mein Vater mit blauer Tinte seine Termine einträgt, meine Mutter ihre in roter, und gemeinsame Unternehmungen werden mit grüner Schrift in den Spalten notiert. Dieses System fand ich toll. Vor allem, weil ich ein Freund des Papiers bin. Während die Mehrheit meiner Bekannten Termine und Notizen ausschließlich in ihren Smartphone-Kalender oder irgendwelche Apps eintragen, nutze ich dafür ein altmodisches Kalender-Notizbuch. Am Anfang war mir das mit dem Handy zu kompliziert, mittlerweile mache ich das aus purer Nostalgie – und vielleicht auch ein wenig aus Trotz.

Auf jeden Fall gefiel mir das Kalendersystem bei meinen Eltern, und ich wollte es genauso übernehmen. Denn wie oft schon hatten die Kinder und ich auf den Papi mit dem Abendessen vergeblich gewartet, bis er irgendwann nach neunzehn Uhr heimkam, meinen vorwurfsvollen Blick sah und entgeistert meinte: »Häh, ich hab dir doch gesagt, dass wir heute noch das Treffen mit den Angehörigen unserer Patienten haben.« Ganz vage erinnerte ich mich, davon gehört zu haben, aber das konnte ich natürlich nicht zugeben. Aber nun hatten wir ja den Kalender, und unsere Beziehung sollte damit harmonischer verlaufen. Damit das auch klappte, hätte man seine anstehenden Termine natürlich in den Kalender eintragen müssen ... Leider waren weder der Liebste noch ich darin verlässlich. Als ich nun also das ›Pinkel-Debüt‹ im Kalender markierte, bemerkte ich – wenig überraschend – eine gähnende Leere in der weiteren Wochenspalte. Gut, dachte ich, vielleicht stand ja wirklich nichts an. Eine innere Stimme sagte mir jedoch, dass ich mich irrte. Bedauerlicherweise wurde die Stimme nicht konkreter und verriet mir nicht, was es sein könnte.

Das erfuhr ich nur einen Tag später. Als wir an diesem Tag in die Kita kamen, wuselten um uns nicht nur, wie üblich, Kinder herum, sondern Kinder mit Traktoren, Feuerwehrautos, Polizeiwagen, Einhörnern, Barbiepuppen, Plastik-E-Gitarren und Riesenteddys im Arm. »Habt ihr einen Spielzeugladen überfallen?«, fragte ich lachend die Erzieherin meines Großen. Sie blickte mich erstaunt an: »Nein, heute ist doch Spielzeugtag. Habt ihr denn nichts mitgebracht?« Schlagartig erstarb mein Lachen, und ich traute mich kaum, meine Söhne anzuschauen. Bedröppelt und traurig saßen sie auf der Garderobenbank und schauten den anderen Kindern zu, die sich gegenseitig ihre Spielzeuge präsentierten. Als meine Kinder dann noch von ihren Kumpels gefragt wurden, was sie denn Cooles mithätten, brachen beide in Tränen aus. Ich nahm sie in den Arm und dachte: »Was bin ich nur für eine verdammte Rabenmutter!« Laut sagte ich: »Ihr Mäuse, Mama regelt das. In zwanzig Minuten bin ich wieder hier. Was soll ich euch mitbringen?« Sie gaben mir ihre Anweisungen, und ich raste los. Natürlich war Stau, weil freitags auch die Müllabfuhr die Biotonnen lehrte. Nach 45 Minuten stand ich hechelnd vor der Tür der Kita und musste mir sagen lassen, dass die Gruppen meiner Kinder längst zu einem Spaziergang samt Picknick aufgebrochen seien. Nee, oder? Ich reichte das Plüschnilpferd und das Müllauto rein, hetzte wieder heim, nur um in meinem Post-Eingang eine vorwurfsvolle Email zu entdecken, wo ich denn gewesen sei. Wir seien doch zum Telefoninterview verabredet gewesen … Mist! Das hatte ich völlig verschwitzt! Innerhalb kurzer Zeit bekam ich gleich zweimal die volle Breitseite zu spüren und das nur, weil ich meinen Kalender so vernachlässigte. Diese Schlamperei musste endlich ein Ende haben.

Leider war es nicht zum ersten Mal passiert, dass ich einen Kita-Termin vertrödelt hatte. Noch heute erinnert mich mein Großer daran, dass wir seiner Gruppe einmal hinterher hetzen mussten, weil sie an diesem Tag die hiesige Feuerwehrstation besuchen wollten und daher spätestens um acht in der Kita sein sollten. Als wir, wie üblich, halb neun dort eintrudelten, war die Gruppe meines Großen natürlich schon weg. Wir also mit ihm zurück zum Auto und ab zur Feuerwehr. Ich fahre zwar einen blauen Flitzer, den ich meinen Kindern immer als Polizeiauto verkaufe, was natürlich Quark ist, denn über ein Blaulicht, das ich in dem Moment nötigst gebraucht hätte, verfügt dieser asiatische Miniflitzer natürlich nicht.

Daher kamen wir auch nicht mal annähernd so schnell dort an, wie ich es mir gewünscht hätte. Aber zumindest noch rechtzeitig, dass mein Sohn in den Genuss kam, im Innenhof auf einen Stapel leerer Wiener-Würstchen-Büchsen mit dem Wasserschlauch zu schießen, bevor sich seine Gruppe die Feuerwehrrutschstange ansehen wollte.

Vor allem seit dem vergessenen Spielzeugtag – noch immer weiß ich nicht genau, ob der nun am ersten oder letzten Freitag im Monat ist – bin ich unter den Erziehern endgültig als die »vergessliche Mutti« bekannt und sie sind dazu übergangen, meinen Kindern Piktogramme auf die Hand zu malen, wenn etwas Wichtiges ansteht. Man könnte darüber denken: »O wie toll, dass sie so nett sind und das machen!« Oder aber: »O wie peinlich, dass das überhaupt nötig ist!« Ich tendiere zu Letzterem, denn auf den Händen der anderen Kinder hab ich noch nie irgendwelche Bildchen entdeckt.

Trotzdem nahm ich die Hilfestellung dankbar, wenn auch zähneknirschend an und vergaß in der Folgezeit tatsächlich seltener wichtige Kita-Angelegenheiten. Es passierte jedoch, dass ich ab und zu beim besten Willen nicht decodieren konnte, was die Erzieher da auf die Hände meiner Jungs gemalt hatten, weil die Sonnencreme oder der Regen es in Teilen schon weggewaschen hatten. Auf meinen Großen war da in der Regel Verlass. Der wusste meist, was gemeint war. Doch mein Kurzer kommt, was das Erinnerungsvermögen betrifft, wohl eher nach mir. Er konnte mir meist nicht weiterhelfen und sagen, ob der gemalte Klumpen da auf seiner Hand nun ein Teddy oder ein Wechsel-Pyjama sein sollte. Deshalb packte ich einfach beides ein, nur, um am nächsten Tag zu erfahren, dass ich dran war, den Obstkorb der Gruppe zu füllen.

Die Termine zum Elternabend in der Kita würde ich tatsächlich manchmal gern vergessen. Leider gelingt das absolut nicht, denn an die wird man auf zig Kanälen so oft erinnert, dass man sie auch mit größter Mühe nicht verpassen kann. Der Elternbeirat schickt eine Info-Mail und daraufhin noch drei Erinnerungsmails. Am Schwarzen Brett ist der Termin Wochen vorher angeschlagen und wird kurz vorher noch einmal neongrün markiert. Und natürlich erinnern einen die Erzieher mehrfach mündlich daran. Mich besonders häufig.

Da der Liebste mit ähnlich großer Leidenschaft zu Elternabenden geht wie ich, spielen wir vorher immer Schnick Schnack Schnuck. Leider scheine ich bei diesem Spiel eine Dauerpechsträhne zu haben, denn meistens trifft es mich. Vielleicht sollte ich meine Taktik ändern und nach »Stein« nicht immer »Papier« wählen.

So finde ich mich dann zweimal im Jahr im Gruppenraum einer meiner Söhne wieder, sitze wie alle anderen Muttis oder Vatis mit angezogenen Beinen auf einem Kinderstühlchen und höre mir die Pläne fürs kommende Jahr, die Neuheiten und zum wiederholten Male die Hausordnung an. Spätestens beim letzten Punkt schalte ich auf Durchzug und schaue bewundernd auf die Erzieher, die nach einem langen Tag mit einer Horde von Kindern noch so gelassen durch einen Elternabend führen und selbst auf die abwegigsten Elternfragen verständnisvoll antworten. Chapeau! Ich wäre spätestens nach der Frage, ob man das Mittagsangebot neben dem Fleisch- oder Fischgericht und dem vegetarischen Gericht nicht noch um ein veganes und um ein glutenfreies Essen erweitern könne, genervt aufgestanden und hätte die Elternschar einfach sitzen lassen. Aber nein. Diese Supererzieher parieren wirklich den dümmsten Einwand mit Bravour und antworten selbst auf die Frage, ob die Kinderklos nach jedem Besuch gründlich desinfiziert werden, noch freundlich.

Ich bin tatsächlich ein großer Bewunderer von Kita-Erziehern. Täglich eine Schar Schreihälse zu versorgen, zu bespaßen, zu trösten, zu bekuscheln und auch weiterzubilden, ohne zwischendurch komplett durchzudrehen, das bewerte ich als eine unglaubliche Lebensleistung. Und wie diese Frauen und Männer es schaffen, zwischen Popo-Abputzen, Verschütteten-Tee-Aufwischen und »Conni«-Bücher-Vorlesen mit den Kids zu basteln oder kreative Dinge zu entwickeln, ist mir ein absolutes Rätsel.

Mein Kinder kamen schon mit einem Glas selbst gemachtem Löwenzahnhonig, einem aus einer Chipsdose gebastelten Schmetterlingslampion, kunstvoll bemalten Steinen mit Wackelaugen, selbst gebackenem Bananenkuchen, Butter mit Kräutern aus dem Kita-Garten und dutzenden Kartoffeldruck-Karten nach Hause.

Und als wäre der Tag dieser Erzieher nicht schon voll genug, führen sie auch noch für jedes Kind eine Mappe, ein sogenanntes Portfolio. Dort landen dann Bilder, die das Kind in der Kita gemalt hat und die dem Schicksal entgingen, zerknüllt in den Kita-Rucksack gestopft zu werden. Außerdem kleben die Betreuer dort Fotos der Kinder ein und schreiben nette Anekdötchen dazu oder notieren Erlebnisse. Auf jeden Fall steckt in der Pflege dieser Portfolios eine Heidenarbeit. Und ich meine: zusätzliche Arbeit, neben dem Kinder-Gekümmer.

Bei den Elternabenden bekommen die anwesenden Mütter und Väter dann die Gelegenheit, die Ordner ihrer Kinder anzuschauen. Während ich mich jedes Mal kaum halten kann vor Lob, Anerkennung und Dankbarkeit angesichts dieser Mühe, gibt es tatsächlich Eltern, die nichts anders können als zu mosern. Wie der Papa von Hans-Christian beim letzten Elternabend. Die Fotos im Ordner seien aber ganz schön unscharf, nölte er. Die Schrift der Erzieherin sei ja kaum zu entziffern. Vom letzten Fasching sei von seinem Kind kein Foto im Portfolio. Und überhaupt sei der Ordner doch ganz schön dünn. Hier würde doch viel mehr passieren, was man dokumentieren könne.

Spätestens an diesem Punkt konnte ich nicht anders und schaltete mich in die Diskussion ein – und zwar nicht in netter Erzieherinnen-Manier, sondern in meiner typischen Nun-mach-aber-mal-halblang-Art, die Hulk-mäßig über mich kommt, wenn mir etwas komplett gegen den Strich geht: »Hören Sie sich eigentlich zu?!?«, wetterte ich. »Ist es Ihnen echt wichtiger, dass der Ordner ihres Sprosses aussieht wie die ›National Geographic‹? Oder wollen Sie, dass sich diese tollen Frauen und Männer lieber anständig um Ihren Jungen kümmern? Falls Sie das noch nicht geschnallt haben: Für die Arbeit an diesen Ordnern opfern die Erzieher ihre FREIZEIT!« »Sie Dödelmeier«, lag mir noch auf der Zunge, aber das verkniff ich mir dann doch. Aber ich war noch nicht fertig: »Wenn Sie meinen, diese Arbeit besser und schöner machen zu können, bitte sehr. Dann schnappen Sie sich gern diese ...«, ich zählte kurz durch, »diese neunzehn Ordner und legen los. Viel Spaß! Der Dank der Erzieher für diese Arbeitserleichterung wäre Ihnen sicher.« Ich schaute Hans-Christian-Papa herausfordernd an, aber er schwieg nur betreten. Ich wieder: »Dann wäre das ja geklärt.« In dem Moment fühlte ich mich wie ein Sheriff aus einem schlechten Spaghetti-Western, der im Saloon seiner Stadt für Ordnung gesorgt hatte.

Nach meiner Ansage kamen die Erzieherinnen zum letzten und fürchterlichsten Punkt der Tagesordnung: nämlich zur Wahl des Elternbeirats. Am liebsten hätte ich mich an dieser Stelle mit einer lausigen Ausrede verabschiedet, dass unsere Babysitterin abgelöst werden müsse, weil sie schweren Liebeskummer und daher nur Kraft für zwei Stunden Kinderhüten habe … Da ich aber schon zu spät gekommen war und das ebenfalls mit einer halbgewalkten Ausrede entschuldigt hatte, blieb ich widerwillig sitzen.

Bisher hatte ich mich noch nie freiwillig für einen Posten im Elternbeirat beworben – und hatte es auch diesmal nicht vor. Ich verspürte keine Lust, ständig Sammelmails zu versenden, um darüber zu informieren, dass gerade wieder Magen-Darm, Scharlach oder Läuse in der Einrichtung grassierten. Oder abzufragen, wer beim Kinderfest etwas dagegen hätte, dass Fotos gemacht werden. Und den geringsten Bock hatte ich darauf, als Sprachrohr zur Kita-Leitung »missbraucht« zu werden, um irgendwelche Kinkerlitzchenprobleme bestimmter nerviger Helikopter-Eltern zu regeln.

Tatsächlich hatte ich bislang das Glück gehabt, dass der Kelch immer an mir vorübergegangen war, ohne dass ich mich dafür hatte rechtfertigen müssen. Es hatten sich immer Freiwillige gefunden – und zwar stets nach Variante A oder B.

A) Besagtes Elternteil, in der Regel vom Typ Übermutti, meldet sich sofort wild fingerschnipsend mit der Ansage, das Amt sehr sehr sehr gerne zu übernehmen.

B) Besagtes Elternteil wählte die zurückhaltendere Variante. Und die folgt in 99 Prozent der Fälle diesem Drehbuch: Frage des bisherigen Elternsprechers: Wer möchte gern in den Elternbeirat? Schweigen. Räuspern. Klamme Stille. Protagonisten schauen entweder auf ihre Fußspitzen oder auf ihre Fingernägel. Nach etwa anderthalb Minuten hebt sich zögernd eine Hand. Zitat Melchior-Mutti: »Na gut, wenn sich keiner findet, mach ich's eben. Seufz.« Kurze Stille. Hörbares erleichterndes Aufatmen der anderen Protagonisten. Nachhaken des Elternsprechers: Gibt es weitere Freiwillige? Stille. Räuspern. Hüsteln. Stille. Balthasar-Mutti meldet sich. Zitat: »Melchior-Mutti kann das ja nicht alleine stemmen. Das täte mir dann doch leid. Da würde ich mir total egoistisch vorkommen. Deshalb mache ich auch mit.« Alle klatschen. Balthasar-Mutti sonnt sich mit gekünstelt gequältem Blick im Applaus. Melchior-Mutti strahlt.

Beim letzten Elternabend lief es jedoch nicht so drehbuchreif. Nach anderthalb Minuten hatte sich immer noch kein Freiwilliger gemeldet, der gemeinsam mit Melchior-Mutti, die wiederholt kandidierte, das Amt übernehmen wollte. Fast hätte ich, nur um diese unfassbar peinliche und unangenehme Stille zu unterbrechen, alle meine Vorsätze über Bord und meinen Hut in den Ring geworfen. Doch kurz bevor ich meinen Mund aufmachen oder die Hand heben konnte, piepte das Handy von Melchior-Mutti. Sie: »Ach, das nennt man ja gutes Timing. Balthasar-Mutti schreibt, sie würde auch wieder mitmachen. Die sind aber gerade im Urlaub, in Thailand. Deshalb ist sie heute nicht hier.« Alle klatschten. Melchior-Mutti strahlte.

Und ich dachte: »Wie kann man im Thailand-Urlaub nur einen einzigen Gedanken an den Elternbeirat verschwenden?!?«

Kaputte Klimaanlage und »Kotzeritis«

Ich liebe es zu verreisen! Allerdings hat die Frequenz meiner Urlaube in den letzten Jahren deutlich abgenommen. Als ich noch kinderlos war, bin ich sehr häufig ins Auto, in den Zug oder den Flieger gestiegen und hab die Welt bereist. Ein Punkt auf meiner inneren Bucket List lautet: Ich will einmal auf jedem Kontinent gewesen sein. Das habe ich auch fast geschafft. Ich hab in den USA als Au-pair ein Jahr lang drei verwöhnte, adipöse Kinder gehütet. Hab in Australien mit Koalas geschmust – wie jeder doofe Touri. Fing mir auf der thailändischen Insel Ko Phi Phi eine fiese Ohrenentzündung ein. Und saß stundenlang in einem Bus in Peru fest, weil einer der fünfzig Fahrgäste unbedingt zehn Packen Kokain in seiner Reisetasche hatte mitnehmen müssen.

Nur Afrika fehlt mir noch – aber zumindest hab ich von der Südspitze Spaniens mal rüber nach Marokko geschaut. Und ja, in die Antarktis hat es mich auch noch nicht verschlagen … Aber da zieht es mich auch gar nicht so sehr hin. Erstens ist es mir zu kalt dort und zweitens trage ich das schädliche CO_2 doch nicht mit dem Flieger genau dahin, wo es den größten Schaden anrichtet. Pinguine kann ich mir auch bequem von der Couch aus in irgendwelchen ARD-Tierdokus anschauen.

Trotz so mancher Widrigkeiten bin ich immer sehr gern verreist. Man kommt mal aus seiner gemütlichen Komfortzone raus, muss sich fremden Kulturen und unbekannten Gegebenheiten stellen, trifft neue Leute und

benutzt endlich mal wieder die einst so teuer zugeleg-
te Kamera. Am Ende der Reise ist man prall gefüllt mit
Erlebnissen und dem Gefühl, wieder einmal mit seinen
Aufgaben gewachsen zu sein. Denn natürlich habe ich es
noch nie erlebt, dass bei einer Reise alles glattging. Noch
nie. Flugverspätungen, Zugausfälle, diverse Magen-Darm-
Erkrankungen, Diebstähle, verlorene Pässe, Autounfälle.
Alles schon gehabt. Und natürlich auch Kofferverluste.

Im Februar 2000, da war ich süße einundzwanzig, brach
ich ins spanische Sevilla auf, um dort ein paar Monate zu
studieren. Am Tag meiner Abreise tobte ein Schneesturm
über Frankfurt. Entsprechend war ich gekleidet. Als ich
wenige Stunde später in Südspanien landete, empfingen
mich die Sonne und 29 Grad. Kein Problem, dachte ich,
hab ja genug Kleidchen in den Koffer geworfen. Die Sache
war nur, dass ich zwar gut, wenn auch mit einem etwas
dumpfen Gefühl in der Magengegend, gelandet war, was
auf die Wetterturbulenzen zurückzuführen war, meine
Koffer jedoch nicht. Sie blieben verschwunden. Am Ende
hatte ich sie tatsächlich schon wehmütig abgeschrieben,
als es doch noch an der Tür unserer WG klingelte und sie,
mit reichlich Beulen und diversen Stickern versehen, vor
mir standen.

Zum Glück gab es Solange (spricht sich: Solongsch),
meine überaus herzliche, laut und schnell und viel quas-
selnde Mitbewohnerin, die aus Frankreich kam, aber ur-
sprünglich von der Elfenbeinküste stammte. Sie nahm
mich nicht nur unter ihre Fittiche, sie stattete mich nach
meiner Ankunft auch komplett mit dünnen Sachen aus.
Ich war ihr dankbar, auch wenn ich mir reichlich verklei-
det vorkam. Denn während ich damals noch Konfektions-
größe S hatte, trug die einen Kopf größere und deutlich

kurvigere Solange Größe L. Und zwar sehr sehr farben-
frohe L-Sachen. Das Gute daran war: Durch meinen auf-
fälligen afrikanischen Oversized-Look, der natürlich nicht
unbemerkt blieb, fand ich schnell Anschluss an der Uni.

Während ich damals noch vergleichsweise cool mit dem
Gepäckverlust umgegangen bin, habe ich vor zwei Jahren,
als wir nach Mallorca in den Familienurlaub geflogen sind,
fast mit einer Panikattacke reagierte, als unsere Koffer auch
nach einer Stunde nicht auf dem Gepäckband an uns vorbeigefahren sind, während alle anderen Familien und Bal-
lermann-Urlauber bereits vollbepackt gen Ausgang gestrebt
waren. Denn es ist eine Sache, sich bei einem Kofferverlust
nur um sich selbst kümmern zu müssen, aber wenn einem
plötzlich das gesamte Inventar einer vierköpfigen Familie
fehlt, gleicht das in meinen Augen einem Supergau. Ich
sah uns schon in unseren viel zu warmen und stinkenden
Sachen am Strand herumvegetieren, wie eine ausgeraubte
obdachlose Familie, der das Geld für den Rückflug fehlt
und deren Schicksal von RTL II medial festgehalten wird.
Mein Puls raste, mir war schlecht und ich schimpfte wie ein
Rohrspatz auf Speed über das verblödete, inkompetente,
superdämliche Flughafenpersonal.

Der Liebste ging mit der Situation deutlich entspannter
um und meinte nur, dann kaufen wir eben die paar Sachen,
die wir brauchen. Viel sei das ja nicht, es sei ja warm …

Auch daran merke ich, dass ich heute nicht mehr Anfang zwanzig bin. Mit dem Alter wird man einfach unfle-
xibler und störrischer. Deshalb setzte mir die Vorstellung
auch so unglaublich zu, ein gefranstes Pocahontas-Kleid
aus kratzigem Synthetikstoff aus dem Billig-Strand-Shop
in meinem wohlverdienten und hart erarbeiteten Som-
merurlaub tragen zu müssen und nicht eines meiner

schönen Strandkleider, das monatelang nur darauf gewartet hatte, endlich mal in passender Umgebung ausgeführt zu werden.

Kurz darauf riss mich eine knarzende Lautsprecherstimme aus meinem Albtraum: Familia Susanna Grothe möge sich bitte zum Gepäckband 8 begeben und ihr ›equipaje‹ abholen. Ich schaute den Liebsten verständnislos an und wir machten uns auf den Weg: Schon von weitem sah ich, wie unsere vier Koffer einsam ihre Bahnen auf Gepäckband Nr. 8 zogen. Häh …!?! Ich verstand nur Flughafen, äh Bahnhof.

Ende vom Lied: Wir hatten die ganze Zeit wie die Dödel am falschen Gepäckband auf unsere Koffer gewartet. Der Liebste hatte sich stumm und blind darauf verlassen, dass ich das richtige Band ausgesucht hatte. Und ich mich anders herum auf ihn … Meine Nebennieren hatten also völlig umsonst meinen armen Körper mit einer Überdosis an Stresshormonen geflutet.

Augenblicklich schämte ich mich für meine gemeinen Flüche, die ich beim Warten abgelassen hatte. Beim Gehen verabschiedete ich mich dafür umso freundlicher vom Flughafenpersonal, so als würde ich dadurch verlorene Karmapunkte wieder gutmachen.

Drei Dinge habe ich aus diesem Irrtum gelernt! Erstens: Wer lesen kann, ist klar im Vorteil! Zweitens: Vertrauen ist gut, Kontrolle immer besser. Und drittens: Um mir die nächsten potenziellen Albträume am Gepäckband zu ersparen, habe ich jetzt immer ein Riesenhandgepäckstück mit dabei – Zahnbürsten, Seife, Schlüpfer und Sommerkleid inklusive –, nur um für den Notfall gewappnet zu sein. Leider hat mir das schon reichlich Ärger mit dem Flughafenpersonal eingebracht, die meine Tasche für deutlich zu groß befanden und mich – je nach Airline – brutal abzockten oder schlimmer noch: darauf bestanden, dass ich mein Handgepäck verkleinere und ein paar Dinge in den Koffer packe, der eingecheckt wird … Habe ich daraus gelernt und beim nächsten Mal ökonomischer eingepackt? Natürlich nicht!

Denn bei manchen Dingen bin ich einfach chronisch unbelehrbar. Und das Packen für eine Urlaubsreise steht dabei ganz oben auf der Liste. Ich kann es nicht besonders gut – und ich mag es auch nicht. Als ich noch keine Kinder hatte, fand ich Packen nur saudoof. Heute, als zweifache Mama, bereitet es mir bereits Tage vor der Abreise großes Bauchweh. Ich könnte zwar das Angebot des Liebsten annehmen, der sich bereit erklärt hat, für seine Kinder mitzupacken. Aber während ich es beim Packen zu gut meine, ist mir seine Packweise etwas zu, sagen wir, pragmatisch. Papi meint nämlich, es genügt für zehn Tage Urlaub, drei Schlübbis, ein Shirt, Badehose und Zahnbürste einzupacken … Sandspielzeug, Sonnencreme, UV-Schutz-Shirts, Kuscheltier, Hausapotheke sucht man auf seiner Packliste vergebens.

Meinem nicht vorhandenen Packpragmatismus kommt es daher sehr entgegen, wenn wir mit dem Auto und nicht mit dem Flugzeug verreisen. Auch wenn ich da oft fluche, dass wir keinen Bus haben, denn der Kofferraum eines PkWs hat bedauerlicherweise seine Limits. Dennoch hat Reisen mit dem Auto viele Vorteile: Man fährt von Haustür zu Haustür, die Kinder stören mit ihrem Geplärre und Genörgel niemanden außer ihre Eltern, man kann in voller Lautstärke Hörbücher hören, schiefe Lieder trällern und die Reise unterbrechen, wenn Pipi- oder Kacka-Alarm ausgerufen wird.

Der große Nachteil am Autofahren nennt sich: Stau. Das wird nur noch getoppt durch: Stau mit defekter Klimaanlage. Oder noch schlimmer: Stau mit defekter Klimaanlage und »Kotzeritis«. Alles schon erlebt.

Zehn Tage Ostseeurlaub lagen hinter uns, als wir uns wieder auf den Heimweg machen mussten. Während in den letzten Tagen frische Temperaturen vorherrschten, war es am Abreisetag schon um neun Uhr früh brüllend heiß. Danke, Petrus, für dieses Timing! Das Navi hatte die Reiseroute mit 5 Stunden und 48 Minuten Fahrzeit berechnet. Wir waren extra kurz vor der Mittagszeit aufgebrochen, um die Nachmittagsschläfchen-Zeit zu nutzen. Dann war der Plan: irgendwo länger Rast zu machen, zu essen und zu spielen. Und am frühen Abend weiterzufahren.

Aber wie es so ist mit den schönen Plänen ... Bereits nach einer Dreiviertelstunde erwartete uns der erste Stau. Der Kurze schlief irgendwann ein. Der Große blieb wach – und wollte das »PawPatrol«-Hörbuch hören. Nicht nur einmal, sondern dreimal hintereinander. Der Stau lag inzwischen hinter uns, wir spielten zum achtunddreißigsten Mal »Ich sehe was, was du nicht siehst«. Drei Stunden waren um und wir hatten nicht einmal das erste Drittel der Strecke bewältigt. Das konnte ja heiter werden!

Irgendwann – wir steckten mittlerweile in Stau Nr. 2 – schlief der Große ein. Ich atmete durch. Vom vielen Nachhintengucken war mir nicht nur schwindelig gewurden, mir taten auch unfassbar der Rücken und der Nacken weh. Doch die Ruhe währte nur kurz. Der Kurze wurde wieder wach und zeterte los. Durst und Hunger quälten ihn. Ich reichte einen Becher Apfelschorle und Kekse nach hinten – und startete das Entertainment-Programm. Ich sang, zog Grimassen, las eine Geschichte vor, machte Fingerspiele. Der Kurze war happy, und ich stand kurz vor einem Hexenschuss.

Und dann gab es plötzlich einen kurzen »Puff«, und aus den Belüftungsdüsen drang nur noch heiße Luft ins Wageninnere. Die Klimaanlage hatte vor lauter Anstrengung kapituliert. Draußen herrschten 35 Grad und wir hatten nicht einmal die Hälfte der Reise bewältigt. Unwillkürlich musste ich an den Film »Falling down« mit Michael Douglas denken, wo der Protagonist in einem Stau landet, den Verstand verliert und Amok läuft. Doch ehe ich aussteigen konnte, setzte sich die Autokolonne wieder langsam in Bewegung.

Sechs Stunden waren mittlerweile um. Wir waren nicht nur bis auf die Unterhose durchgeschwitzt, wir hatten auch mörderischen Hunger und fuhren die nächstbeste Raststätte an. Die Kinder nahmen sofort den Spielplatz in Beschlag, und ich stand ratlos vor der Servicekraft: Es gab Schmorkohl, Pommes und Bratwurst. Das war's. Ich bin echt nicht verwöhnt, aber so ein mickeriges Angebot hatte ich noch an keiner Raststätte gesehen. Ich bestellte alle drei ›Gerichte‹. Gleich zweimal. Und obwohl ich spürte, dass mir mein Bauchgefühl irgendetwas sagen wollte, war ich zu hungrig, um darauf zu hören. Am Ende hatten wir alle sechs Teller leergeputzt.

Die Fahrt ging weiter. Der Kurze döste wieder weg. Und wir landeten, nur wenige Kilometer vor unserer Heimatausfahrt, in Stau Nr. 3. Mein Großer hatte mittlerweile weder Lust auf »Paw Patrol« noch auf Ratespiele. Und ich hatte keine Lust mehr, dauernd rückwärts zu fahren. So dösten wir apathisch vor uns hin. Bis ich plötzlich ein unheilvolles Grummeln im Bau verspürte. Ich fragte in die Runde, ob es allen gut gehe. Sie bejahten und ich versuchte, das Gurgeln in meinem Magen zu ignorieren. Doch irgendwann war das nicht mehr möglich. Ich riss also panisch die Beifahrertür auf – zum Glück standen wir noch – und hinterließ die unverdauten Reste unseres Abendessens auf dem Seitenstreifen. Diese verschissene Bratwurst! Ich wusste es.

Nach der Zwangsentleerung fühlte ich mich augenblicklich besser, ahnte jedoch Schlimmes. Ich kramte in meinem Rucksack, zog zwei Einkaufsbeutel heraus und befahl meinen Kindern, die für den Rest der Fahrt vor der Brust zu halten. Über den Schoß des Liebsten deckte ich präventiv ein Handtuch.

Der Stau löste sich auf, und wir näherten uns unserem Zuhause. Ich betete, dass bitte nicht noch ein Unglück … Ich konnte den Gedanken nicht mal zu Ende decken, da hörte ich es hinter mir schon würgen. Ich fuhr herum und half dem Kurzen, seinen Beutel zu halten. Der Geruch ließ auch in mir gleich wieder die Übelkeit hochsteigen. Aber gottlob war ich ja schon leer. Nicht so der Große, der jetzt von seinem Einkaufsbeutel Gebrauch machte.

Dem Himmel sei Dank waren wir derweil endlich vor unserer Haustür gelandet, und der Liebste schaffte es noch mit einem Sprint aufs heimische Klo. Selten hatte ich mich so sehr übers Nachhausekommen gefreut – und ich schwor mir augenblicklich, nie wieder in den Urlaub zu fahren. Nie wieder!!!

Zombies mit Kopf- und Halsweh

Während es meinen Kindern einen Tag nach unserer Rückkehr aus dem Urlaub schon wieder so ging, als sei nie etwas gewesen, quälte ich mich noch Tage später mit einem empfindlichen Magen herum. Nicht mal auf meinen geliebten Kaffee hatte ich Lust und schlürfte – mit angewiderter Miene zwar – kannenweise Kamillentee, während ich meinen Kinder fassungslos dabei zuschaute, wie sie fröhlich ihre Schokomilch zutschten, Erdbeeren mampften und Wiener in tiefe Ketchuppfützen tauchten. Ständig fragte ich nach, ob es ihnen gut ginge und ob jemand Bauchweh habe. Die Antwort war immer dieselbe: »Alles guhut, Mama!« Unausgesprochen schwang dabei mit: »Nun hör mal auf zu nerven!«

Ich hab wirklich den Eindruck, ich werde umso wehleidiger, je älter ich werde … Dabei bin eigentlich gar keine Jammerliese. Zumindest nicht, wenn's mir gut geht. Quält mich irgendeine Art von Infekt oder Schmerz – was tatsächlich eher selten vorkommt –, merke ich richtig, wie ich saft- und kraftlos ins Jammertal hinabgleite.

Letzten Winter, es war kurz vor Weihnachten, fand ich mich im Wartezimmer meines Hausarztes wieder und bedauerte mich selbst. Mich quälten die fiesesten Halsschmerzen, die ich jemals verspürt hatte, ich hatte tierische Kopfschmerzen und war einfach nur matt. Keine Ahnung, wie ich die zwei Etagen zu der Praxis bewältigt hatte … Auf jeden Fall in Schneckengeschwindigkeit. Zu allem Überfluss musste ich in der zweistündigen Wartezeit auch noch einen Mundschutz tragen, weil die Schwester den Verdacht hegte, ich litte unter Pfeifferschem Drüsenfieber. Ich saß also da, bekam kaum Luft unter der Haube und spürte die mitleidigen und ängstlichen Blicke der anderen Patienten. Ein bisschen kam ich mir vor wie eine Aussätzige. Gewundert habe ich mich deshalb nicht, dass die beiden Plätze neben mir frei blieben, obwohl das Wartezimmer proppenvoll war. Ich fand die Situation und meinen Zustand einfach nur fürchterlich und wäre am liebsten in mein Bett unter die Decke geflüchtet. Am Ende hatte ich zwar kein Pfeiffersches Drüsenfieber, aber besser ging's mir dadurch auch nicht.

In solchen Momenten würde ich gern sagen: »Tschüssi, Kinder, Mami meldet sich jetzt mal krank.« Würde ins Schlafzimmer gehen und erst nach drei Tagen mit fettigen Haaren und müffelnd, aber gut erholt, wieder rauskommen. Früher, als ich noch kinderlos war, hab ich das genauso gemacht. Ich lag den ganzen Tag im Bett, schlürfte Ingwertee mit Honig, ließ mir Hühnersuppe kochen, und wenn der Kopf dann nicht mehr so schmerzte, zog ich mir drei Staffeln »Grey's Anatomy« hintereinander rein. Heute, mit zwei kleinen Kindern, ist Kranksein nicht mehr so kuschelig und gemütlich. Denn Mami kann sich leider nicht einfach mal vom Dienst abmelden und mit einer Tüte Salbeibonbons und einer Thermoskanne Tee für ein paar Tage einschließen.

Ich bin wirklich gern Mutter – aber wenn man nicht auf der Höhe ist, dann ist es verdammt anstrengend, diese Rolle angemessen auszufüllen. Um nicht zu sagen, schier unmöglich. Und am schlimmsten ist es, wenn es alle vier Familienmitglieder gleichzeitig dahinrafft, was mindestes ein- bis zweimal pro Jahr passiert. Schon deshalb bin ich ein Riesenfan vom Sommer und würde den Winter am liebsten aus dem Kalender streichen. In der warmen Jahreszeit geht's uns allen einfach so viel besser! Da beneide ich manchmal alle Tiere, die Winterschlaf halten und so die mistige Frost- und Erkältungsphase einfach verpennen können.

Auch in der letzten Wintersaison gab es eine Woche, in der es uns alle vier extrem erwischt hatte. Die Kleinen fieberten und bekamen neben Husten und Schnupfen auch seltsame Frieseln. Wir Großen wurden von derben Hals-, Kopf- und Gliederschmerzen geplagt. Die Tage verbrachten wir langsam schlurfend zwischen Wasserkocher, dem Spielzimmer und der Couch und warteten nur darauf, dass die Kinder endlich müde wurden und wir uns daneben legen konnten. Leider gehöre ich zu den Menschen, die, auch wenn sie hundemüde sind, tagsüber nicht schlafen können. Das ist wirklich ein Fluch. Denn während ich dem Mittagsschlaf-Schnarchen meiner drei Jungs lauschte, half bei mir nicht mal Schäfchenzählen, um wegzuknacken. Stattdessen überlegte ich, was wir aus dem Supermarkt bräuchten …

Obwohl beide Kinder ähnliche Symptome hatten wie wir Großen, ließen sie sich im Gegensatz zu uns nicht den Spaß am Leben nehmen. Wäre ihnen nicht ständig die Nase gelaufen oder hätten sie gehustet – ich hätte gar nicht gespürt, dass sie krank waren. Sie lachten, sie flitzten, sie spielten und machten Faxen. Wie immer. Und das mit 38,5 Grad Körpertemperatur.

Wie sie das schafften, ist mir nach wie vor ein Rätsel! Also, ich hätte mit 38,5 Grad Fieber keine einzige Runde »Fang-mich-doch-du-Käseloch« durchgehalten. Für sie war das jedoch kein Problem. Im Gegenteil, danach musste gleich noch »Verstecko« gespielt und eine Kissenschlacht veranstaltet werden. Meine mehrfache Bitte, doch mal etwas zu puzzeln oder ein Buch anzuschauen, ging in den Schlachtrufen der beiden Kissenritter unter. Ich war aber auch zu matt, um mich energisch durchzusetzen. Erst als ich die Fernbedienung zückte und mal für eine halbe Stunde KiKA anschaltete, kehrte kurz Ruhe ein. Oh, wie war das wohltuend für meinen dröhnenden Schädel.

Doch so anstrengend die Tage waren, die Nächte waren deutlich fieser: Beide Kinder husteten sich abwechselnd stündlich wach, wollten dann trinken, kuscheln oder sie heulten. Der Liebste und ich kümmerten uns wie in Trance um ihre Befindlichkeiten – gaben Fieberzäpfchen, Nasentropfen und Streicheleinheiten oder befüllten den Luftbefeuchter neu. Zwischendurch ließen wir leise Flüche ab, wenn wir zum 56. Mal aus dem Schlaf gerissen wurden. Selbst die aufgeschnittene Zwiebel, die das Schlafzimmer olfaktorisch in eine Dönerbude verwandelte und sonst immer verlässlich gegen Bello-Husten half, versagte kläglich.

Am nächsten Morgen hatten wir Großen in Summe anderthalb Stunden geschlafen und fühlten uns nicht nur wie Zombies – wir sahen auch so aus. Bleiche Haut, rote Augen, rote Nasen und das Gefühl, einen Schädel so groß wie ein Kürbis zu haben. Aber statt uns nun zu erholen, kümmerten wir uns weiter um unsere kranken Kinder und riefen uns gegenseitig Durchhalteparolen zu. Ich auf einer Decke liegend zum Kindsvater: »Du bist dran mit Essen machen.« Er von der Couch zurück: »Ich hab doch gar keinen Hunger.« Ich wieder: »Und was ist mit deinen Kindern?« Er zu ihnen: »Habt ihr Hunger?« Sie im Chor: »Ja.« Er: »Auf was?« Sie wieder im Chor: »Schoko.« Papa schlurfte also zu unserer Schokodose, nahm zwei Riegel raus, gab sie ihnen, ließ sich wieder aufs Sofa plumpsen und sagte zu mir: »Erledigt. Das nächste Mal bist du dran.« Normalerweise hätte ich ihm für diese Aktion eine übergebraten – zumindest verbal –, so rollte ich nur mit den Augen und belegte ihn innerlich mit einem Dutzend böser Flüche.

Mein Mantra in solchen Zeiten lautet immer: »Ist alles nur 'ne Phase!« Das spreche ich so oft vor mich hin, dass es schon anmutet, als hätte ich das Tourette-Syndrom. Aber es half auch diesmal. Nach vier Tagen war der Spuk vorbei, und wir alle waren wieder mehr oder weniger fit. Bis zur nächsten Virus-Welle … Und die sollte schneller kommen, als ich es mir vorstellen konnte.

Nun war aber erst mal wieder Alltag angesagt. Ach, wie hatte ich ihn vermisst! Früh die Kinder zur Kita gebracht, dann ab an den Schreibtisch, um Texte zu schreiben, E-Mails zu beantworten und neue Termine zu vereinbaren, die man virenbedingt hatte verschieben müssen. Zwischendurch eine Waschmaschine gefüllt und entleert. Herrlich! Wenn man auf seine alltäglichen Routinen krankheitsbedingt eine Weile verzichten musste und sie dann wieder ausleben darf, ist das ein wirklich großartiges Gefühl. Fast wie Urlaub. Zumindest so lange, bis das Telefon klingelt und auf dem Display seht: »Kita ruft an«. Das ist dann so, als würde ein gerade wiederaufgebautes Haus erneut von einem Tsunami überschwappt werden.

Mein erster Impuls war: wegdrücken. Das ging natürlich nicht. Also starrte ich das Telefon sekundenlang an, haderte, nahm den Anruf schließlich doch mit spitzen Fingern an, hielt mir das Handy ans Ohr, hörte mich vorsichtig sagen: »Ja? Groth hier? Was gibt es?« und hatte bis hierhin die ganz leise Hoffnung, zu hören, dass man mir nur mitteilen wolle, was für ein tolles Steckbild mein Kurzer heute kreiert habe … Aber statt zu sagen: »Toll. Da freue ich mich. Können Sie bitte ein Foto davon machen und mir schicken?«, antwortete ich matt: »Alles klar. Ich mache mich gleich auf den Weg und hole ihn ab … Ja, den Großen nehme ich auch gleich mit. Ich beeil mich.« Denn natürlich hatte man mich nicht angerufen, um mir zu erzählen, was für ein großer Künstler mein Kind doch sei, sondern um mir mitzuteilen, dass mein Jüngster gerade sein Mittagessen im Bällebad hinterlassen habe. Auf oralem Wege. Und dass ich ihn möglichst schnell abholen solle.

Wie ich diese Anrufe hasste. Man hat sich gerade wieder organisiert, Termine gemacht, Deadlines vereinbart – und schon war all das wieder Schall und Rauch. Ich bin ja gerne flexibel und spontan. Aber in solchen Momenten wollte ich einfach nur eines: Struktur. Und zwar durch nichts zu erschütternde Struktur. Aber das Leben als Mutter ist eben kein Wunschkonzert, das wurde mir wieder einmal deutlich vor Augen geführt.

Vor allem in den ersten Wochen und Monaten, nachdem meine Kinder in die Kita kamen, hatte ich gefühlt jede Woche eine ihrer Erzieherinnen an der Strippe: »Frau Groth, können Sie bitte Ihren Sohn abholen. Er hat 38,3 Grad Fieber.« Oder: »Frau Groth, Ihr Sohn ist gestürzt und wir glauben, er hat eine Gehirnerschütterung.« Oder aber: »Frau Groth, wir haben den Verdacht, Ihr Sohn hat Scharlach. Können Sie ihn bitte abholen und einem Kinderarzt vorstellen.« Die Liste könnte ich endlos fortsetzen. Wie oft war ich kurz davor, mein Handy einfach auf lautlos zu stellen. Aber das schlechte Gewissen hielt mich dann doch immer wieder davon ab.

Natürlich habe ich mich nach jedem dieser Anrufe immer sofort ins Auto gesetzt und mein krankes beziehungsweise verletztes Kind abgeholt. Wenn auch unter Absonderung schlimmster Flüche. Vor allem, wenn ich kurz zuvor mit einem Interviewpartner mühsam einen passenden Termin gefunden hatte, den ich nun wieder abblasen musste. Aber Kind geht vor. Und da der Liebste in einer anderen Stadt arbeitet und deutlich länger zur Kita braucht als ich, blieb die Rolle des Krankentransporters immer an mir hängen.

Manchmal, wenn ich dann vor meinem grinsenden Kind stand, das ganz und gar nicht krank aussah, habe ich mich schon insgeheim gefragt, warum ich eigentlich angerufen wurde … Aber die Betreuer gehen eben auf Nummer sicher, was ja auch gut ist. Zumindest besser als das Gegenteil. Letztendlich war die Gehirnerschütterung aber doch nur eine große Beule. Der vermeintliche Scharlach wurde als harmloser Infekt diagnostiziert. Und das Fieber war auf unserem Thermometer oft niedriger als der Wert, den das Stirnthermometer der Kita angezeigt hatte. Wir messen aber auch, wie vom Kinderarzt empfohlen, im Popo, was die Kita wiederum nicht darf.

Nur die Kotzerei, die ließ sich tatsächlich nicht kleinreden. Erst recht nicht, nachdem sich mein Sohn, als ich ihn abgeholt hatte, erst am Auto, dann im Auto und dann noch mal auf unserem Wohnzimmerteppich entleert hatte. Und auch wenn ich den Großen mehrfach mahnte, Abstand von seinem Bruder zu halten und mir ständig die Hände desinfizierte, war mir völlig klar, dass all das vergebliche Liebesmüh ist. Wenn der Norovirus dich kriegen will, dann kriegt er dich auch … Schicksal, dachte ich nur, manchmal bist du echt ein, ein … richtiger Misthaufen!

Die Klopapier-Monster-Strategie

Wenn man krankheitsbedingt mit seinen Kindern in der kalten, dunklen Jahreszeit länger als zwei Tage zu Hause bleiben muss, versteht man den Begriff »Lagerkoller« und kann irgendwann sehr gut nachvollziehen, warum es zu Gefängnisrevolten kommt. Ab irgendeinem Punkt ist jeder von jedem nur noch genervt – so lieb man sich normalerweise auch hat. Die Nerven liegen blank, der Ton wird rauer, und jeder wünscht sich nur, dass wieder die gesunde harmonische Normalität Einzug hält.

Der Kurze zetert, weil er raus will, obwohl es draußen stürmt und Reiskörner hagelt. Der Große jammert, weil er in Dauerschleife KiKA gucken möchte. Der Papa ist mürrisch, weil er Kranksein hasst und die Kinder vor lauter Blödsinn und Langeweile seine Sky-Abo-Card zerbrochen haben. Und Mama, mittlerweile von chronischem Kopfweh gequält, hyperventiliert, weil sie nicht weiß, wie sie eine Deadline für einen Artikel einhalten soll, weil ihr Zweitjob als Krankenschwester sie so sehr fordert und so viel Zeit raubt. Kurzum: Die gesamte Familie steht kurz vorm Durchdrehen.

Fast logisch, dass die verbale Diplomatie und die Nettikette in dieser Zeit merklich nachlassen und mit fortschreitenden Krankheitstagen komplett verschwinden. Normalerweise gehöre ich nicht zu den Brüllaffen, aber in solchen Phasen nimmt die Frequenz meiner Schimpftiraden erheblich zu. Allerdings erkenne ich immer erst in der Retrospektive, dass Herumschreien absolut nichts bringt. Außer zusätzlichem Stress und weiteren grauen Haaren auf dem Kopf.

Ich gebe es also zu: Leider gehe ich nicht immer wie im Familienratgeber-Buch beschrieben mit meinen Kindern um. Was nicht bedeutet, dass ich eine Hand gegen sie erheben würde. Niemals würde ich das tun. Ich würde sie auch nicht im Frust mit Schimpfwörtern titulieren. Nein, all das passiert mir nicht mal in den akutesten Stresssituationen. Aber die Ruhe selbst bin ich in diesen Momenten leider auch nicht. Ich kann dann auch laut werden. Sehr laut. Ich wurde sogar schon mal so laut, dass ich mich dabei vor mir selbst erschreckt habe.

Natürlich weiß ich genau, dass Gebrüll rein gar nichts bringt. Im Gegenteil, wenn ich schreie, schreien mein Söhne einfach lauter. Leider kommt diese Einsicht immer erst nach unserer akustischen Schlacht. Und bedauerlicherweise ist diese Einsicht auch nicht nachhaltig.

Denn an Tagen, an denen ich gefühlt eine Stunde geschlafen habe, dazu noch donnernde Kopfschmerzen habe und mein Großer – trotz Ermahnung – nicht aufhört, Marmeladenbrötchenkrümel nach seinem Bruder zu werfen, der Kurze mit Absicht Lego-Steine unters Sofa schießt – in solchen Momenten liegt meine Reizlatte leider sehr sehr niedrig. Dann fällt es mir schwer, mich auf Augenhöhe meiner Kids zu begeben, sie an mich heranzuziehen und ganz ruhig und besonnen zu sagen: »Meine Schatzis, schaut mal, ist es nicht blöd, die leckeren Marmeladenbrötchenstücke zu werfen, statt sie zu essen. Und ist es nicht Quatsch, die Legosteine unter das Sofa zu schießen, wo man nicht mehr an sie rankommt und deshalb nichts Cooles mehr mit ihnen bauen kann. Meint ihr nicht? Was ist eure Meinung dazu?«

Da raunzt es sich deutlich leichter und einfacher: »Herrschaftszeiten! Hört doch mal auf mit dem Quatsch! Aber sofort!« Ich will mich an dieser Stelle nicht rechtfertigen: Doch ich bin auch nur ein Mensch. Ein Mensch, der manchmal – schmerz- oder stressbedingt – mit sehr dünnen Nervenfäden ausgestattet ist. Und deshalb mache auch ich Fehler, auf die ich selbstverständlich nicht stolz bin ... Aber ich bin ja lernfähig.

Also recherchierte ich und stieß – wer hätte das gedacht – auf Jesper Juul. Er riet uns Müttern, sollten wir mal wieder in so eine aufgeladene Situation geraten, Folgendes zu unseren Kindern zu sagen: »Wir streiten mehr, als mir lieb ist. Ich würde gern andere Wege suchen, wie wir unsere Konflikte lösen können. Ich weiß nicht, ob ich bessere Ideen habe als ihr, aber ich habe mir überlegt, dass ich ab jetzt Folgendes tun werde: Wenn ich das Gefühl habe, dass es zu viel wird, werde ich euch bitten, dass wir unseren Streit unterbrechen. Und dann können wir gemeinsam nach einer friedvolleren Lösung suchen.«

Klang ja erst mal ganz gut. Allerdings war ich mir nicht sicher, ob ich mir diesen Monolog bis zur nächsten Streiterei merken und eins zu eins rezitieren könnte – vor allem unter emotionaler Anspannung – und ob mir meine Kinder bis zum letzten Wort zuhören würden. Aber einen Versuch war es wert. Also notierte ich mir den Satz auf eine Karteikarte und deponierte sie in der Küche, damit ich sie griffbereit hatte, sobald eine Situation mal wieder dabei war zu eskalieren.

Zwei, drei Tage später war's so weit. Da ich an diesem Tag morgens einen wichtigen Termin hatte, trieb ich meine Kinder zur Eile. Aber statt sich die Hände zu waschen, noch mal Pipi zu machen und sich anzuziehen, begannen die beiden im Klo eine Wasser- und Seifenschlacht. Ich dachte, ich spinne, und rief wütend: »Sagt mal, geht's noch! Was macht ihr da? Ich hab's tierisch eilig und ihr flutet das ganze Bad. Himmel, Sakra, Arsch und Zwirn! Ihr sollt euch fertig machen, sonst …« Ich unterbrach meine Tirade und verfluchte mich innerlich: Ich war schon wieder in die Schimpffalle getappt. Ich rannte hektisch in die Küche, schnappte mir die Karteikarte, brüllte kurz »Ruhe!«, setzte mich vor meine Kinder, um auf Augenhöhe zu sein, und las vor: »Wir streiten mehr, als mir lieb ist. Ich würde gern andere Wege suchen, wie wir unsere Konflikte lösen können. Ich weiß nicht, ob ich bessere Ideen habe als ihr, aber ich habe mir überlegt, dass ich ab jetzt Folgendes tun werde: Wenn ich das Gefühl habe, dass es zu viel wird, werde ich euch bitten, dass wir unseren Streit unterbrechen. Und dann können wir gemeinsam nach einer friedvollen Lösung suchen.«

Meine Jungs hörten mir tatsächlich mit großen Augen zu, sichtlich überrascht über Mamis seltsames Verhalten. Nachdem ich fertig war, fragte mein Großer: »Was ist friedvoll?« Ich: »Das Gegenteil von laut und aggressiv.« Er wieder: »Und was ist aggressiv?« Ich schaute auf die Uhr und wurde langsam unruhig, versuchte aber, gelassen und besonnen zu bleiben. »Wenn man schreit und andere Menschen haut.« Er wieder: »Aber wir haben doch gar niemanden gehauen.« Ich: »Nein, aber ihr habt laut kreischend unser Klo unter Wasser und Seifenschaum gesetzt. Das kann man auch als aggressiv bezeichnen.« Er wieder: »Aber wir haben doch dabei gelacht und uns gefreut. Aggressiv ist doch etwas Böses.«

Ich gab auf und verfluchte insgeheim den blöden Karteikartenmonolog. »Mein Schatz, können wir das heute

Abend zu Ende klären? Mami hat es wirklich wirklich sehr, sehr eilig.« Er wieder: »Aber ich muss doch noch pullern.« Entgegen meiner neuen Vorsätze wurde ich wieder sauer: »Wie jetzt, ihr wart zehn Minuten lang hier drin und du hast noch nicht mal gepullert …« Ich spürte, wie mein Puls zu rasen begann. Daraufhin hielt ich kurz inne, atmete tief durch, schickte ein stummes »Ommmmmm!« durch meinen Körper und sagte übertrieben liebevoll: »Dann aber husch husch, mein Schatz!« Als der Kurze und ich Minuten später fertig angezogen bereit zur Abfahrt im Flur standen, war von dem Großen immer noch nichts zu sehen. Ich öffnete die Klotür und dachte zum zweiten Mal an diesem Tag, ich spinne. Da stand er da, von oben bis unten in Klopapier eingewickelt und machte: »Buh!«

Normalerweise hätte ich mich über diesen Anblick kaputtgelacht, aber das hätte ihn in seiner Aktion ja nur bestärkt. Ich also in ingwerscharfem Ton: »Nee, oder? Zieh dich sofort an. Oder wir fahren ohne dich!« Ich ging raus und musste grinsen. Was für eine Gurke!

Ich ging mit dem Kurzen zum Auto, und wir warteten erneut minutenlang. Jetzt hätte ich, wie angedroht, einfach losfahren müssen. Aber natürlich tat ich das nicht. Ich lass doch keinen Vierjährigen daheim, der dann, wie »Kevin allein zu Haus« unser Heim in Schutt und Asche legt. Nach zehn Minuten kam er endlich angeschlurft und sagte triumphierend: »Ihr seid ja doch noch da.« Ich schickte, laut schnaubend, zum zweiten Mal an diesem Tag ein »Ommmmmm!« durch mich durch.

Am Abend desselben Tages schauten der Liebste und ich eine Folge der Serie »Homeland«, eine ziemlich spannende US-Serie, in der sich alles um eine CIA-Agentin dreht. Es geht um Terror, politische Intrigen und

Machtkämpfe. Und eigentlich ist die Thematik ganz weit weg von unserem Familienalltag. Eigentlich. Denn plötzlich hörte ich einen Satz und fühlte mich wie ertappt. In einer Szene sagt die Agentin Carrie Mathison zu der designierten US-Präsidentin: »Wenn man schon jemandem droht, muss man immer dazu bereit sein, diese Drohung auch wahr zu machen …«

Leider war mir so eine konsequenzlose Provokation wie an diesem Morgen nicht das erste Mal über die Lippen gerutscht. Ich hatte meinen Kindern gegenüber schon häufiger eine Drohung rausgehauen, von der ich, bereits während ich sie aussprach, wusste, dass ich sie niemals umsetzen würde. Zuletzt war mir das vor genau einer Stunde und 35 Minuten passiert, als wir unsere Kinder zu Bett gebracht hatten.

Weil mein Kurzer sich auch der gefühlt hundertsten Bitte, sich bettfertig zu machen, widersetzt hatte und sich stattdessen nackig und laut kreischend durchs Zimmer kugelte, hatte ich ihm angedroht: »Wenn du jetzt nicht lieb bist, rufe ich den Geschenkekobold an und sage ihm, er soll alle deine Geburtstags- und Weihnachtsgeschenke abholen und anderen Kindern, die lieb sind, geben.«

Zu meiner großen Verwunderung zeigte dieser Satz tatsächlich seine Wirkung und mein Sohn fing an, sich mit meiner Unterstützung auszuziehen und zu waschen. Aber was hätte ich getan, wenn er lieber weiter durch sein Zimmer gekugelt wäre? Hätte ich seine Geschenke tatsächlich alle weggegeben? Natürlich nicht! Aber was hätte mir meine Drohung dann gebracht? Richtig: rein gar nichts. Stattdessen hätte sich mein Kind ins Fäustchen gelacht und sich meiner Bitte beim nächsten Mal wieder breit grinsend widersetzt. Wissend, dass ja eh nix passiert.

Bestärkt durch Carrie Mathisons Worte entschloss ich mich, wenn ich schon drohe, dann nur noch mit Dingen, die ich bereit bin, auch wirklich umzusetzen. Statt also zu sagen: »Wenn du nicht lieb bist, holt der Geschenkekobold all deine Geschenke wieder ab«, könnte ich auch sagen: »Wenn du jetzt nicht lieb bist, bringe ich all deine Geschenke in den Gartenschuppen und schließ ihn ab.« Das wäre schon realistischer. Allerdings würde das bedeuten, dass wir den mühsam aufgebauten Einkaufsladen wieder in seine Einzelteile zerlegen müssten, weil er sonst nicht in den Schuppen passen würde … Och nö! Ich musste diese Drohung also auch noch einmal überdenken.

Grundsätzlich bin ich gar kein Freund von Drohungen. Das hat immer so was Kriegerisches und eigentlich bin ich durch und durch Pazifist. Deshalb versuche ich es in einer brenzligen Situation in der Regel auch immer zuerst mit der Belohnungstaktik – es sei denn, ich stehe megamäßig unter Stress oder unter Zeitdruck oder unter beidem. Wie an diesem Morgen. Aber viel lieber, als zu drohen, sage ich natürlich: »Wenn du jetzt lieb bist, fahren wir morgen nach der Kita durch die Autowaschanlage« – da stehen beide Kinder tierisch drauf. Aber wie verhält man sich nun, wenn auch das nichts nützt und einem die Lausebengel einfach weiter auf der Nase herumtanzen?

Ich rief meine Mutter an und fragte, wie sie dieses Problem früher mit uns gelöst habe. Da ich nicht über das beste Gedächtnis verfüge, konnte ich mich beim besten Willen nicht daran erinnern, wie sie die Krisen gemanagt hat, die mein Bruder und ich ausgelöst hatten. Sie musste lange nachdenken: »Ihr wart doch beide immer so lieb. Ich musste eigentlich kaum drohen oder schimpfen.« Augenblicklich fühlte ich mich schlecht. War das eine typische Form von Vergangenheitsverklärung, oder war meine Mutter tatsächlich eine so viel bessere Mutter als ich, weil ihre Kinder immer lieb waren und gar nicht den Drang hatten, Unsinn zu machen? Da fiel mir plötzlich etwas ein: »Hah, und was war dann mit dem Fernsehverbot? Wenn wir angeblich immer so lieb waren – wieso habt ihr dann ab und an die Glotze mit einem Schloss versehen, damit wir nicht heimlich gucken konnten?« Meine Mutter: »Ach so, das. Aber zu der Zeit wart ihr ja schon pubertierende Teenager. Vorher wart ihr wirklich immer sehr, sehr lieb.« Ich glaube, meine Mutter dachte, sie tut mir mit diesen Aussagen einen Gefallen. Schließlich war ich ja eines dieser furchtbar lieben Kinder. Aber tatsächlich hätte ich lieber einen konstruktiven Ratschlag gehört.

Ich legte auf und rief eine Freundin an, die drei Kinder hat, und konfrontierte sie mit der gleichen Frage. Ja, sagte sie, auch bei ihren Kinder habe irgendwann keine Drohung mehr gefruchtet, und auch mit Belohnungstaktiken sei sie jämmerlich gescheitert. Seit kurzem sei sie deshalb zu einer anderen Methode übergegangen, die ein Therapeut ihr empfohlen habe, und die würde sensationell gut funktionieren. Sie so: »Du musst einfach genau das Gegenteil von dem tun, was deine Kinder in dem Moment von dir erwarten.« Ich so: »Häh?« Sie: »Na, ganz einfach. Wenn dich dein Kind anschreit, schrei nicht zurück, sondern zieh eine lustige Grimasse und fang an, rückwärts wie ein Krebs zu laufen. Wenn sich dein Kind im Supermarkt auf den Boden wirft und rumtobt, schimpf nicht mit ihm, sondern leg dich daneben und mach genau das gleiche. Wenn dein Kind rumtrödelt und den Verkehr aufhält, treib es nicht an, sondern zieh dich auch wieder aus und sag: Gut, wenn du nicht in die Kita willst, leg ich mich jetzt eben wieder ins Bett.« Dieses unerwartete Verhalten brächte die Kids so aus der Fassung, dass sie automatisch mit dem Quatsch, den sie gerade machten, aufhörten. Man müsse da natürlich sehr kreativ sein, denn wiederholen darf man seine Aktionen nicht. Dann könne sich das Kind ja darauf einstellen.

Ich fand, das klang zwar irgendwie schräg, aber für Schräges bin ich ja gern mal zu haben. Ich war mir nur nicht so sicher, ob ich mich im Supermarkt tatsächlich neben mein tobendes Kind legen oder doch lieber so tun würde, als gehöre dieser Schreihals da vor dem Keks-Regal nicht zu mir.

Schon ein paar Tage darauf ergab sich die Gelegenheit, diesen neuen Deeskalationsmechanismus auszuprobieren. Denn mein Großer weigerte sich mal wieder standhaft und lautstark, Jacke und Schuhe anzuziehen, weil er das ›Superwings‹-Puzzle noch vollenden wollte. Statt zu schimpfen, drehte ich mich wortlos um, ging schnell in unsere Toilette und wickelte mich in Windeseile mit Klopapier ein. Doch als ich zurück ins Wohnzimmer kam, um ihn zu erschrecken, war niemand mehr da. Stattdessen hörte ich es von draußen rufen: »Mama, wo bleibst du dennnnn? Wir sind feeeeertig und stehen am Auuuuuto.« Ich blickte an mir runter: Was genau hatte ich mir dabei noch mal gedacht??? Aber dennoch: Es funktionierte. Ich hatte nicht eine Sekunde lang gemeckert.

Eine Spielplatz-Typologie

Als wir nach der Klopapier-Aktion wenig später im Auto saßen, um zur Kita zu düsen, war ich so euphorisch darüber, dass ein Morgen mal ohne Streit und Schimpferei über die Bühne gegangen war – selbst wenn ich mich dafür fast zum Vollhorst gemacht hatte –, dass ich den Jungs versprach, am Nachmittag mit ihnen zu ihrem Lieblingsspielplatz zu gehen. Das klingt erst einmal reichlich banal. Aber für mich ist das wirklich etwas Großes. So, als würde ich ihnen ein Satz nagelneuer Magnetbausteine versprechen. Denn im Gegensatz zu vielen anderen Müttern gehöre ich nicht zu den passionierten Spielplatzbesuchern. Mir ist es dort einfach zu öde. Lieber geh ich in den Wald und sammle Pilze, spaziere durch den Tierpark oder mache eine Fahrradtour. Selbst Puzzeln finde ich spannender. Wenn ich also freiwillig vorschlage, auf einen Spielplatz zu gehen, dann muss das eigentlich rot und fett im Kalender vermerkt werden.

Man findet mich also nicht allzu oft in der Nähe von Wippe, Klettergerüst & Co., aber meinen Kindern zuliebe tue ich mir das ein- bis maximal zweimal die Woche an. Öfter jedoch nicht. Langweilig wird es meinen Kids nach der Kita aber nicht, denn wir haben ja daheim ein hübsches Gärtchen inklusive Sandkasten, Spielhütte und aufblasbarem Gummipool. Oder wir laden uns einfach bei anderen Familien ein – oder die sich bei uns. Da sitzen wir Eltern dann gemütlich am Tisch, schlürfen wahlweise Kaffee oder Radler und freuen uns über jede Minute, in der kein Kind angerannt kommt und heulend darum bittet, dass wir ihm die soeben geklaute Plasteschaufel wieder zurückholen.

Doch ab und an will man seinen Kids ja auch etwas Abwechslung bieten. An solchen Tagen lasse ich mich dann zu Spielplatzbesuchen überreden. Da bin ich dann die Anschubserin auf der Schaukel, die Festhalterin beim Klettergerüst, die Drückerin an der Wippe, die Auffängerin an der Rutsche und die Burgenbauerin im Sandkasten. Bis der Zirkelspaß wieder von vorn beginnt.

Sehr oft ertappe ich mich dabei, wie ich neidisch auf die Mütter und Väter schiele, die entspannt auf der Bank in der Sonne sitzen – ein kurzes Nickerchen halten, ein Buch lesen, telefonieren oder miteinander schwatzen, während ihr Nachwuchs friedlich vor ihnen in aller Seelenruhe und mit einer Mordsausdauer Sand von Eimer A in Eimer B schaufelt. Solche Kinder habe ich nicht. Meine Jungs sind sehr aktiv und auch sehr sozial und binden mich netterweise immer in ihr Spiel mit ein. Doch nach spätestens einer Stunde krieg ich den Spielplatzkoller und blase zum Abmarsch. Das verläuft selten ohne Gezeter – und es endet meistens damit, dass ich den Jungs ein Schokoeis mit Knusperstreuseln am Stiel in Aussicht stelle, das in der heimischen Kühltruhe auf sie wartet. Mittlerweile glaube ich, sie starten nur deswegen ihre Heulsirenen.

In den Minipausen, die mir auf dem Spielplatz ab und an vergönnt sind, observiere ich gern andere Eltern und ihren Umgang mit dem Nachwuchs. Zum einen natürlich aus journalistischen Recherchegründen und zum anderen aus purer voyeuristischer Neugier. Nach vier Jahren, die ich nun regelmäßig auf einem Kinderspielplatz verbringe, würde ich mich mittlerweile als Expertin auf dem Gebiet der Spielplatzwissenschaft betrachten. Schon wenn eine Mutti mit ihrem Spross anmarschiert kommt, kann ich häufig sofort sagen, zu welcher sozialen Gruppierung sie gehört. Neben der großen Kohorte der unauffälligen Stino-Muttis, zu denen ich mich zähle, habe ich im Laufe der Zeit fünf besondere Typen ausgemacht, die das Soziotop Spielplatz bevölkern.

Die Sandkuchen-Mutti:

Diese Mama gesellt sich NIEMALS zu den anderen Muttis auf die Bänke. Nein, sie sitzt IMMER mit im Sandkasten und backt Kuchen mit Lasse-Georg oder Emma-Lisa. »Hmmm, da haben wir aber einen leckeren Schokokuchen (wahlweise auch Pflaumen- oder Apfelkuchen) gebacken«, schallt es dann im Minutentakt lautstark herüber. Dabei übersieht sie, dass sie selbst die ganze Zeit den Sand in den Eimer schaufelt und den dann umstülpt. Lasse-Georg sitzt nur großäugig daneben und wundert sich, was seine Mama die ganze Zeit so treibt und was sie da redet. Ich verurteile die Sandkuchen-Mutti keineswegs – im Gegenteil, ich kann sie für ihre Ausdauer nur bewundern. Aber die Schaufel könnte sie ruhig auch mal ihrem Kind überlassen.

Die Lektüre-Mutti:

Sie wird von allen anderen Muttis am meisten beneidet. Während ich bei einem Spielplatzbesuch noch nie auch nur einen einzigen Blick in ein Magazin werfen konnte, schafft es die Lektüre-Mutti bei JEDEM Spielplatzbesuch die Süddeutsche Zeitung von vorn bis hinten zu lesen oder einen halben Fitzek-Roman. Ihre Kinder rutschen, schaukeln, wippen, balancieren derweil lieb und entspannt, ohne die Mama zu stören. Nur wenn sie Hunger haben, legen sie einen zehnsekündigen Bank-Stopp bei ihr ein und holen sich eine Banane und einen Müsliriegel ab. Und weiter geht der Spielespaß.

Die Krawall-Mutti:

Diese Mama sucht förmlich den Ärger. Sobald ein anderes Kind ihrer Johanna-Maria auch nur den kleinsten Schubs versetzt oder eines der dreizehn Sandförmchen gestohlen hat, geht diese Mutter dazwischen. »Würdest du das Schubsen bitte lassen!«, »Könntest du das bitte sofort zurückgeben!« Und wenn das fremde Kind auch nach der zweiten Ermahnung immer noch nicht hört, geht die Krawall-Mutti die Mama des Kindes an. »Könnten Sie bitte dafür sorgen, dass Ihr Kind meiner Tochter das grüne Sandförmchen wieder zurückgibt!« Johanna-Maria steht derweil theatralisch laut heulend und schluchzend im Sandkasten, und man weiß genau: Hier steht die nächste Krawall-Mutti schon in den Startlöchern.

Die Picknickkorb-Mutti:

Die Kinder der Picknickkorb-Mutti sind in der Regel mehr mit Essen als mit Spielen beschäftigt. Bei den Unmengen an Dinkelstangen, Müsliriegeln, Maiskeksen oder geschnippelten Obststücken, die ihre Mama da mitgenommen hat, ist das auch kein Wunder. Meistens sind Picknickkorb-Muttis recht freigiebig. Kürzlich bot eine von ihnen meinem Kurzen eine trockene Reiswaffel an. Er nahm sie und spuckte sie sofort wieder aus. »Smeggt nich!« Egal, nett war es trotzdem. Auch wenn ich mich insgeheim gefragt habe, warum sie ihm stattdessen keinen der veganen Schokoriegel aus ihrem Korb angeboten hat.

Die Handy-Mutti:

Diese Mama-Spezies kommt schon mit dem Handy am Ohr auf dem Spielplatz an und verlässt ihn auch wieder telefonierend. Und wenn sie zwischendurch mal eine Pause einlegt, dann nur, um zweiunddreißig Kurznachrichten zu versenden und auf ihrem Instagram-Account die Anzahl der Likes zu checken. Ihre Kinder stänkern sich derweil über den gesamten Spielplatz und schnorren sich bei Picknick-Mutti durch, ohne dass es ihre Mutter mitbekommt, geschweige denn eingreift. Kurz vorm Gehen macht sie noch ein Bild mit ihren Kids und postet es dann auf all ihren sozialen Kanälen, versehen mit dem Hashtag ›Familytime‹ und einem Herz.

Die Quasselstrippen-Mutti:

Diese Mama hat bei ihren Spielplatzbesuchen nur eines im Sinn: Sie möchte andere Muttis totquatschen. Kaum hat sie ihre Sprösslinge im Sandkasten abgesetzt, schaut sie sich sogleich ihr ›Opfer‹ aus und fängt an: »Sind Sie oft hier? Also ich finde ja den Spielplatz in der Schnickenfittichstraße viel besser. Der ist auch viel gepflegter und sauberer. Aber dieser hier ist näher zu unserer Wohnung, und meine Kinder laufen nicht so gern. Und ich hab doch kein Auto, weil mein Mann meint, ich könne nicht fahren. Aber er geht nie mit den Kindern mal los. Er macht sowieso nicht viel mit ihnen. Das bleibt immer alles an mir kleben ...« Und so weiter und so fort ... Ohne Pause! Ich habe mich einmal in so ein Gespräch verwickeln lassen. Danach war ich total erschöpft und habe zum ersten Mal richtig Mitleid mit dem Liebsten gehabt, der ja Psychotherapeut ist und sich solche Geschichten täglich anhören muss. Seitdem suche ich immer das Weite, wenn ich eine der bereits identifizierten Quasselstrippen-Muttis kommen sehe.

Ich bin das genaue Gegenteil all dieser beschrieben Mütter – und am weitesten weg von mir ist vermutlich die Picknickkorb-Mutti. Wenn meine Kinder Glück haben, habe ich zumindest ihre Trinkflaschen dabei, aber etwas zu essen vergesse ich regelmäßig. Das liegt auch daran, dass ich diese Spielplatz-Besuche nicht generalstabsmäßig plane, weil ich ja täglich hoffe, nach der Kita keinen Rutschen-Stopp mehr einlegen zu müssen. Kürzlich fand ich, nachdem mein Großer mir melodramatisch angedroht hatte, gleich vor Hunger zu sterben, zumindest noch einen zerdrückten Bounty-Riegel in meinem Rucksack, um den sich meine Jungs dann so derbe und lautstark zankten, dass ich vor Scham in Erwägung zog, allein einen heimlichen Abgang von dem Spielplatz zu machen. Schließlich erbarmte sich ein ganz reizender Picknickkorb-Papi und schenkte jedem von ihnen einen glutenfreien veganen Schoko-Cranberry-Muffin, der überraschend lecker schmeckte, sodass ich kurz davor war, zu fragen, ob wir noch einen haben könnten.

Auch wenn meine Stadt dafür bekannt ist, dass hier sehr viele Väter Elternzeit nehmen und sich überdurchschnittlich in den Familienalltag einbringen, sind die Mütter auf dem Spielplatz nach wie vor in der deutlichen Überzahl. Zumindest unter der Woche. Am Wochenende um die Mittagszeit wandelt sich das Blatt etwas. Da schicken die Muttis die Vatis samt der Bälger vor die Tür, um in Ruhe fürs Mittagessen die Schnitzel zu klopfen, das Veggie-Curry zu kochen – oder um einfach mal, ohne gestört zu werden, ihre Haaransätze zu färben. Denn dazu braucht man Tageslicht. Da kann man nicht bis abends warten, bis der Nachwuchs im Bett liegt.

Spielplatz-Väter lassen sich, meiner Beobachtung nach, nicht in so viele Kategorien einsortieren wie ihre weiblichen Pendants. Im Grunde sind mir bislang nur zwei Typen begegnet: Der eifrige Papi, der seinem Spross alles vorturnt und sich durch jede Rutschröhre mit quetscht und jedes Klettergerüst mit erklimmt. Und der ignorante Papi, der sein Kind zwar zum Spielplatz begleitet, es dann aber sich selbst überlässt und lieber im Handy BILD.de liest oder mit sonstwem chattet. Im seltensten Fall ist es wohl die Ehefrau. Die Muffin-Episode mit dem Picknick-korb-Papi war daher für mich eine Begegnung der dritten Art. Diese seltene Spezies von Vater war mir bis dahin wirklich noch nie über den Weg gelaufen.

Während den eifrigen Papis meine volle Bewunderung gilt, sind mir die ignoranten Papis vor allem seit einem einschneidenden Erlebnis ein Dorn im Auge. Es war Hochsommer und ich hatte Besuch von einer Freundin und deren Kindern. Sie leben in Berlin, das mit einer Vielzahl extrem cooler Spielplätze ausgestattet ist. Da ich dagegen nicht abstinken wollte, suchte ich mir den actionreichsten

Spielplatz unserer Stadt aus und wir düsten hin. Es lief toll: Die Kinder rutschten an der Seilbahn, enterten das Piratenschiff und erklommen Kletterwände, während wir Muttis mal Zeit für einen Schnack geschenkt bekamen. Der Platz war relativ leer und der Geräuschpegel entsprechend niedrig.

Es hätte so schön sein können, bis es irgendwann anfing, um uns herum mörderisch zu stinken. Da uns der Geruch bekannt vorkam, pfiffen wir unsere Kinder zu uns heran und fragten, ob einer von ihnen heimlich im Gebüsch hinter den Sitzbänken einen Haufen hingesetzt hätte. Alle vier verneinten glaubhaft. Da sagte mein Großer plötzlich: »Der da saß im Gebüsch und hat gekackert«, und zeigte dabei auf einen etwa fünfjährigen Jungen, dessen Hose auf halb acht hing und mit einem verdächtigen Fleck am Hintern versehen war.

Noch ehe ich den Spielplatz nach einem potenziellen Erziehungsberechtigten des Jungen abscannen konnte, kam plötzlich Bewegung in den Mann auf der Nachbarbank, der bis dahin die ganze Zeit regungslos dagefletzt und mit gesenktem Kopf auf sein Smartphone gestarrt hatte. Er schaute kurz zu uns, sagte keinen Ton, stand auf, ging zu dem Jungen rüber, fragte ihn etwas, der nickte, der Vater wurde sauer, packte ihn am Arm und sie strebten gen Ausgang. Das machte mich wiederum sauer, da ich keinen Bock hatte, weiter von Stallgeruch umweht zu werden. Ich lief hinter den beiden her und rief: »Sagen Sie mal, Sie gehen jetzt nicht, ohne den Haufen Ihres Sohnes entfernt zu haben? Das machen Sie jetzt nicht ernsthaft, oder? Das ist doch hier keine Schweinemastanlage.« Und was tat dieser ignorante Fatzke? Er drehte sich kurz zu mir um, sagte nichts – und zeigte mir nur stumm den rechten Mittelfinger. Dann liefen die beiden weiter zu ihren Rädern, stiegen auf und düsten davon. Ich war so perplex, dass ein paar Sekunden vergingen, ehe ich reagieren konnte, und auch dann war meine Schlagfertigkeit noch nicht wieder vollständig reaktiviert. Also rief ich nur dünnstimmig hinterher: »Sie, Sie, Sie ... ASSI! Das ist Körperverletzung.« Aber selbstverständlich kam der Mann nicht zu mir zurück, um sich demütig für das Fehlverhalten seines Sprosses zu entschuldigen und um den Haufen wegzukratzen und einzutüten. Wir packten ein, und ich dachte verärgert bei mir: Bis heute war ich der Meinung, nur Berlin hat ein öffentliches Kackhaufen-Problem.

Latzlose Matschhosen vom Discounter

Ein paar Tage nach dieser widerlichen Spielplatz-Episode fragte ich meinen Großen, ob er mal wieder Fahrradfahren üben wolle. Er nickte und antwortete: »Mami, ich will aber auch so ein cooles Fahrrad wie der Kacka-Junge vom Spielplatz.« Tatsächlich waren auch mir die zwei farblich und stilistisch aufeinander abgestimmten schnittigen schwarzen Mountainbike-Modelle, mit denen der Maxi- und der Mini-Fatzke abgedampft waren, ins Auge gestochen. Ich so zurück: »Aber Schatzi, erstens hast du bereits ein megacooles Fahrrad. Und zweitens musst du erst mal richtig Fahrradfahren lernen.« Er zurück: »Aber ich will so ein Fahrrad wie der Junge. Dann lerne ich auch richtig Fahrradfahren. Mit meinem geht das nicht.« Ich rollte innerlich mit den Augen, sagte aber: »Jetzt schlafen wir erst mal schön. Und dann sehen wir weiter.« Er wieder: »Gute Nacht, Mami. Ich hab dich lieb … Und morgen gehen wir Fahrrad kaufen, okay?« Ich nun etwas lauter: »GUTE NAHACHT!«

Als ich später im Wohnzimmer eierlikörschlürfend auf dem Sofa saß, kam ich ins Grübeln. War das Fahrrad, das wir auf eBay Kleinanzeigen gefunden und für das wir 50 Euro gelöhnt hatten, wirklich nicht das Richtige? Dabei hatte ich mich so über dieses Megaschnäppchen gefreut. Tatsächlich sah es zwar hübsch aus, es war aber auch ziemlich schwer. Vielleicht konnte er deshalb noch nicht so gut fahren und kippte immer wieder zur Seite um? Ich schlug mein Notebook auf und googelte »Kinderfahrrad«. Nach einer Weile stieß ich tatsächlich auf das Rad des Kacka-Jungen. Es kostet neu: 699 Euro! Ich dachte, mich trifft der Schlag. Natürlich konnte und wollte ich nicht so viel Kohle für ein Kinderfahrrad ausgeben, das zwei Jahre gefahren werden kann, ehe wieder ein größeres benötigt wird. Gut, wir könnten es sogar vier Jahre nutzen, weil der Kurze es später noch fahren könnte. Aber wer weiß, ob es zu dem Zeitpunkt nicht schon so runtergerockt wäre, dass es reif für den Schrottplatz wäre.

Also: Nein! Erstens waren wir nicht Familie Gates. Und zweitens sah ich prinzipiell nicht ein, so viel für ein Kinderrad zu löhnen, wie ich vor sechs Jahren für meinen Drahtesel bezahlt hatte, den ich noch mindestens weitere sechs weitere Jahre nutzen würde … Wenn ich denn mal fahre. Denn ich gehöre zu den klassischen

Schön-Wetter-Wochenend-Radlern. Und diese Tage sind recht übersichtlich in der Anzahl. Aber das ist ein anderes Thema.

Ich würde mich wirklich nicht als geizig bezeichnen – erst recht nicht, wenn es um meine Kinder geht. Aber bestimmte übertriebene Luxusgüter kaufe ich ihnen aus Prinzip nicht. Dazu gehören zum Beispiel auch Kaschmirpullover. Nur weil ich vier davon im Schrank habe, bedeutet das nicht, dass ich meine Söhne auch in Kaschmirwolle hüllen muss. Ehrlich gesagt, wären das auch Perlen vor die Säue. Denn während ich meine Kaschmirpullis hege und pflege und einige schon mehrere Jahre besitze, hätten meine Kinder schon nach drei Kitabesuchen Wollknäule daraus gemacht. Wenn sie draußen rumtoben, dann toben sie richtig. Da geht auch was kaputt. Das kalkuliere ich beim Kauf ihrer Klamotten immer schon ein. Aber um einen 15,99-Baumwollsweater trauert es sich leichter als um ein 99-Euro-Edelstöffchen.

Als ich klein war und den Kindergarten besuchte, war in meiner Gruppe ein Mädchen, das hieß Mandy. Während wir alle die gleichen abgewetzten Cordhosen und Baumwoll-Nickis Made in GDR trugen, war Mandy immer in die schönsten und edelsten Mädchensachen gehüllt, die aus den West-Paketen stammten, die ihre Oma regelmäßig schickte. Mandy sah ohne Zweifel mit Abstand am hübschesten von uns aus. Das Problem war nur, dass ihre Eltern ihr eingeimpft hatten, dass die Sachen nicht schmutzig werden sollten und nicht kaputt gehen durften. Das Ende vom Lied war: Mandy verlernte es, richtig zu spielen, weil sie viel zu sehr damit beschäftigt war, auf ihre Sachen aufzupassen. Während wir uns in den Büschen versteckten, durch Pfützen hüpften und uns in

Sand eingruben, stand Mandy nur daneben und schaute zu. Verstanden habe ich das nie. Aber ihr trauriger Anblick hat sich tief in mein Gedächtnis gegraben. Ich glaube, schon damals habe ich mich entschieden, meine Kinder niemals in empfindliche Luxusstöffchen zu hüllen, um sie vor einem Kindheitstrauma zu bewahren. Sie können mir später also einmal dankbar sein, dass ich an diesem Posten gespart habe.

Aber auch ohne Kaschmirpullis und überteuerte Räder kosten Kinder genug. Ich habe mal gelesen, dass Eltern für ihren Spross bis zum 18. Lebensjahr zwischen 125 000 und 145 000 Euro löhnen. Am Ende der Kindheit hat man in sein Kind also so viel reingesteckt wie in einen Luxusschlitten oder in ein kleines Reihenhaus, das nicht gerade in München, Düsseldorf, Hamburg, Berlin oder Jena steht. Und das war nur die Rechnung für ein Einzelkind. Hat man zwei oder drei, erhöht sich die Summe natürlich, auch wenn sie sich nicht verdoppelt oder verdreifacht, denn vieles, wie Spielzeug oder Klamotten, lässt sich ja gemeinsam oder hintereinanderweg nutzen.

Ich will über diese unglaubliche sechsstellige Zahl nicht lamentieren, schließlich hab ich es mir selbst ausgesucht, Mutter zu sein. Aber damit der Liebste und ich uns nicht komplett für unsere Kinder bis an unser Lebensende verschulden, müssen wir schon abwägen, wofür wir unser Geld ausgeben. Und auch deshalb finde ich mich eher in der Kinderabteilung von H&M wieder als in der vom KaDeWe.

Auch beim Discounter habe ich schon Klamotten für meine Kinder gekauft – zuletzt zwei Matschhosen. Bis heute freue ich mich über deren Anschaffung, wobei der Kauf der Hosen zwei Anläufe brauchte und das nur, weil ich zu wenig geschlechtsspezifisch gedacht hatte und das Licht in dem Laden so mies war.

Ich hatte es an diesem Tag sehr eilig, wollte nur schnell den Wocheneinkauf erledigen und entdeckte in letzter Sekunde die Wühlkiste mit den gefütterten Matschhosen – ohne Latz. Halleluja, endlich mal einer, der mitdenkt, dachte ich, denn den Latz an Matschhosen hatte ich noch nie verstanden. Wofür er da war, wusste ich nicht, nur dass er das Anziehen extrem kompliziert machte, weil man dafür immer erst die Jacke aus- und wieder anziehen musste. Und dass er Pipi-Pannen extrem begünstigte, weil es Ewigkeiten dauert, bis sich ein Kind aus einer Jacke und einer Matschhose mit Latz geschält hat. Und dennoch sind gefühlt 90 Prozent der angebotenen Matschhosen mit Latz ausgestattet. Umso euphorischer war ich über diese Entdeckung. Und dann noch zu diesem Preis.

Ich griff also flott zu zwei Hosen, einer gelben in Gr. 98 für den Kurzen und einer vermeintlich blauen in Gr. 104 für den Großen. Draußen im Tageslicht erkannte ich, dass die blaue Hose doch eher lila war. Egal, dachte ich so bei mir. Ist ja auch 'ne schöne Farbe, und bei einer Matschhose ist die Farbe doch eigentlich piepegal. Sie sieht ja eh gleich matschig braun aus. Doch da hatte ich die Rechnung ohne meinen Großen gemacht.

Als ich den Jungs die Hosen zeigte, zeterte er gleich los: »Ich will auch eine gelbe. Lila ist für Mädchen. Die zieh ich nicht an.« Ich war perplex. Mit so einer Reaktion hatte ich nicht gerechnet. Wir hatten so eine Farb-Geschlechtertrennung noch nie gemacht. Ich so: »Wie kommst du denn drauf, dass Lila eine Mädchenfarbe ist?« Er zurück: »Na die Mädchen in der Kita haben doch immer rosa und lila Sachen an. Die Jungs aber nicht.«

Das Argument, dass doch jeder die Farbe tragen könne, die ihm gefalle, schnurzegal, ob das eher Jungs- oder Mädchenfarben seien, ließ er nicht gelten. Er: »Dann gefällt mir Lila eben nicht.« Wir fuhren also am nächsten Tag noch einmal zu dem Discounter und ich fischte – Gott sei Dank! – noch eine gelbe Hose in seiner Größe aus der Krabbelkiste. Gelb ließ er seltsamerweise als Jungsfarbe gelten. Weil ja sein kleiner Bruder auch eine gelbe Hose habe, der Papa ein gelbes Shirt und sein Kumpel aus der Kita einen gelben Schlafanzug. Und die Sonne sei auch gelb. Und die sei ja schließlich auch kein Mädchen.

Auf die latzlosen Hosen in dem herrlich erfrischenden Gelborange wurde ich dann auch oft angesprochen. Als die Mamis jedoch hörten, wo ich die Teile erworben hatte, hätten die Reaktionen nicht unterschiedlicher ausfallen können. Die einen meinten: »Ach, wie cool. Dort? Echt? Da muss ich auch mal hin und die Angebote checken.« Oder: »Ja, dort gibt's auch manchmal super Gummistiefel. Ich hab da schon öfter was für meine Kinder gekauft.« Und die dritte Gruppe, die schaute nur pikiert und meinte: »Hosen aus dem Discounter? Echt jetzt? Die sind bestimmt: Made in China. Und voller Chemie.« Meine Reaktion darauf: »Das mag ja sein. Aber hast du schon mal ins Etikett der 49,90-Euro-Matschhose mit Latz (!), die deine Tochter trägt, geschaut, wo die produziert wurde?« Ein ratloser Blick. Ich darauf: »Eben.«

Da ich auch ein Umwelt-Gewissen besitze, kaufe ich sehr viel für meine Kinder auf dem Kinder-Flohmarkt ein. Aber latzlose Matschhosen, die noch nicht komplett abgewetzt waren, hatte ich bislang dort noch nie entdeckt. Dafür sehr viele andere Schätze, wie Schlafsäcke, Jeans, Pullover, Dinofiguren, Duplo-Bausteine, Kinderbücher, Hörspiele, eine

Mini-Hollywoodschaukel – und einen Holzkran. Über letzteren freute ich mich besonders, da sich mein Großer schon lange einen Kran gewünscht hatte. Sogar Zubehör bekam ich dazu – einen Kranführer, Bausteine und Baustellengitter – und das für schlappe 7 Euro.

Ich kenne Mütter, die würden im Leben nicht auch nur einen Fuß auf einen Flohmarkt setzen, um für ihren Nachwuchs etwas zu erwerben. Nach dem Motto: »Ich geb meinem Kind doch keinen Teddy, den schon ein anderes Kind besabbert hat.« Den leisen Einwand, dass es für diese Problematik doch eine großartige Erfindung mit Namen ›Waschmaschine‹ gäbe, überhören diese Mütter geflissentlich. Für sie ist es wichtig, dass etwas brandneu ist und seinen Preis hat. Denn: Neu plus teuer ist gleich gut genug für mein Kind.

Befeuert werden solche Meinungen von den unzähligen Social-Media-Super-Muttis, die in den letzten Jahren wie Pilze aus dem Boden geschossen sind und die beinahe täglich auf Instagram ihre neuesten und hochpreisigen Trendteile präsentieren – seien es die oberhippen Kinder-Sneakers für 149 Euro, das megahippe Schaukeltier für 249 Euro oder das superhippe Babybett für 1299 Euro –, mit denen sie ihre Kinder verwöhnen und die sie als Nonplusultra verkaufen. Dass sie häufig von den Firmen mit diesen Luxusprodukten zugeschüttet werden und keinen Cent dafür ausgeben, im Gegenteil, sogar noch an der Werbung verdienen, das steht natürlich nur im Kleingedruckten.

Aber, wie zitiert mein Vater immer so schön: »Jeder nach seinem Sinn sucht seiner Freuden Ort. Der Rosenkäfer hier, der Mistkäfer dort.« Ich bin in diesem Bild vermutlich eher der Mistkäfer, der sich auf Flohmärkten und in Günstig-Ketten herumtummelt und Luxusboutiquen meidet. Aber das ist okay, ich bin da komplett neidfrei. Denn viel mehr als über eine hippe Baseball-Jacke für Kinder, die im Sale nur 399 statt 515 Euro kostet, freue ich mich über ein 7-Euro-Kran-Schnäppchen.

Zumindest tat ich das bis zum letzten Geburtstag meines Großen. Denn ganz offenbar hatte mein Sohn nicht nur mir seinen Kran-Wunsch geflüstert, sondern auch, ohne dass ich davon wusste, seinem Patenonkel. Der wollte sich nicht lumpen lassen und beschenkte sein Patenkind mit einem Mega-Super-Hyper-Kran. Der war doppelt so hoch wie meiner, machte kuriose Geräusche und man konnte ihn mit einer Fernsteuerung bedienen. Gegen diesen Giganten konnte mein kleiner, manuell bedienbarer Second-Hand-Holzkran natürlich nicht ansatzweise mithalten.

Die Zeit verging, der Holzkran stand schmollend und traurig in der Ecke, setzte Staub an und ich war kurz davor, ihn schweren Herzens in unsere Flohmarktkiste zu werfen, als das Schicksalsblatt sich plötzlich wendete. Die Fernbedienung des Mega-Super-Hyper-Krans ging nämlich eines Tages kaputt. Da besannen sich meine Kinder plötzlich auf den Holzkran, der easy peasy manuell zu bedienen war, und holten ihn aus seiner Schmollecke heraus. Selbst als Papa die Fernsteuerung des Mega-Super-Hyper-Krans repariert hatte, durfte der Holzkran Teil der Spielzimmer-Baustelle bleiben. Auf meine Nachfrage, ob sie den kleinen Kran jetzt noch bräuchten, erklärte mir mein oberschlauer großer Sohn: »Natürlich, Mama. Oder hast du schon mal eine Großbaustelle mit nur einem Kran gesehen?« Ich: »Nee, ich Dödel. Hab ich natürlich noch nicht.« Ich schlug mir mit der flachen Hand vor den Kopf und freute mich insgeheim von Herzen, dass mein Floh-markt-Schnäppchen doch noch seine verdiente Anerken-nung bekam. Euphorisch wollte ich gerade die Großbau-stelle verlassen, als mein Sohn meinte: »Mama, zwei sind aber immer noch zu wenig ... Du musst unbedingt noch zwei, oder besser noch drei Krane besorgen. Machst du das bitte? Unbedingt!« ... »Hört das denn nie auf?«, dach-te ich nur im Gehen – und tat so, als sei ich taubstumm.

Berufsverbot: Influencer!

Ein paar Wochen später fand ich mich auf einem Floh-markt wieder und hielt angestrengt Ausschau nach Spiel-zeugkränen. Mein Sohn hatte ja nicht unrecht: Auf einer Großbaustelle stehen oft mehr als zwei Kräne. Mehr als ein Jahr lang waren wir jeden Tag auf dem Weg zur Kita und zurück an solch einer Großbaustelle vorbeigefahren, und es war faszinierend zu beobachten, wie das riesige Gebäude, das heute eine Schule ist, stetig höher wuchs. Und da waren ja nicht nur die Kräne, da gab es Bagger, Kipplaster, Walzen, Betonmischer, Bauarbeiter ... Für mei-ne Kinder war diese Baustelle ein echtes Paradies, und so fanden wir uns am Nachmittag häufig davor wieder, und beide beobachteten ergriffen das Geschehen.

Nun ist das Gebäude schon seit einer Weile fertig und für meine Söhne ist klar, dass sie einmal in diese coole Schule, die sie haben entstehen sehen, gehen werden. Die und keine andere! Bislang habe ich sie immer reden lassen und den Gedanken gar nicht weiter gesponnen, weil mir das Thema Schule so weit weg erschien.

Irgendwann fragte mich jedoch eine befreundete Mutti, deren Kind so alt wie mein Großer ist, in welche Schule wir unsere Kinder mal schicken möchten. Man müsse sich da ja jetzt schon Gedanken machen. Erst belächelte ich sie und ihren Übereifer, aber dann rechnete ich kurz nach, und mir wurde klar, dass es nicht einmal mehr zwei Jahre dauert, bis wir mit unserem Großen drei Dutzend Zucker-tüten-Fotos schießen werden. Es war also tatsächlich an der Zeit, sich über das Thema Schule mal Gedanken zu machen. Wenn auch höchst widerwillig.

Denn schon die Wahl der Kita fand ich unglaublich an-strengend und kräftezehrend – physisch wie psychisch. Ich hatte damals, nach der Geburt des Großen, dummer-weise verschusselt, mich rechtzeitig um einen Kitaplatz zu kümmern und holte mir dann auch, nachdem ich mir das Ohr blutig telefoniert und unzählige Klinken geputzt hatte, von 99 Prozent der Einrichtungen eine Absage ab. Ich sah mich schon nachts rotäugig und völlig kaputt am Laptop sitzen, weil ich tagsüber meine Arbeit nicht geschafft hatte, da ich ja mein Kind hatte betreuen müs-sen ... Bevor ich komplett überschnappte, erbarmte sich in allerletzter Sekunde doch noch eine Kita und nahm unseren Sohn auf. Ich war fix und fertig von der ewi-gen Suche und gleichzeitig so unglaublich erleichtert, dass wir doch noch etwas gefunden hatten. Selbst ein Lottogewinn wäre mir in dem Moment nicht so wichtig gewesen … (Na gut, zumindest einer mit nur drei Richtigen.)

Daher war es mir auch völlig schnuppe, nach welchem Konzept hier gearbeitet wurde. Hauptsache, die Odyssee war endlich zu Ende! Schließlich stellte sich aber heraus: Was als SOS-Lösung begonnen hatte, entpuppte sich im Nachhinein als allerbeste Wahl. Mein Kind fühlte sich hier pudelwohl, und von Haustür zur Haustür brauchten wir lediglich siebeneinhalb Minuten.

Doch ob wir bei der Schulwahl wieder so ein Glück haben werden? Wie soll man herausfinden, welche Schule die beste für das Kind ist? Montessori, Leonardo, Waldorf, Planschule, klassische Grundschule oder doch lieber Gesamtschule …? Reicht da tatsächlich EIN Besuch am Tag der offenen Tür? Klar kann man sich vorher über jedes Schulkonzept belesen – aber am Ende hängt auch das tollste Konzept von den Lehrern ab, die es umsetzen. Und dann wäre da ja noch der Schulweg? In der morgendlichen Rush-Hour täglich durch die ganze Stadt zu gurken ist keine optimale Aussicht. Aber ist die am nächsten gelegene Schule tatsächlich gut genug? Ach du liebe Güte! Vor lauter Fragen bekam ich Kopfweh.

Ich rief meine Mutter an und fragte, wie sie und mein Vater die Schule für mich ausgewählt hatten, die zufälligerweise direkt gegenüber von unserem Wohnblock lag. Sie so: »Ausgewählt? Wieso ausgewählt?« Sie musste lachen. »Du bist in die POS, die uns zugeteilt wurde. Das wurde je nach Wohnadresse entschieden. Da hatte man keine Wahl.« Ich: »Wofür stand POS noch mal? Für ›Point of Sale‹ ja wohl nicht.« Sie: »Was ist denn ›Point of Sale‹?« Ich wieder: »Ist neudeutsch. Bedeutet ›Verkaufsstelle‹ … Aber Wurscht. Erzähl weiter.« Sie wieder: »POS stand für

Polytechnische Oberschule. Die Montessori-Schule, die mal in den zwanziger und dreißiger Jahren hier existierte, wurde von den Nazis dichtgemacht. Zu DDR-Zeiten gab's nur die POS und die EOS, also die Erweiterte Oberschule, wo man dann Abi machen konnte.«

In die EOS hatte ich es nicht mehr geschafft, da kam der Mauerfall dazwischen. Deshalb konnte ich mir auch nie das blaue FDJ-Hemd überstreifen. Dafür hatte ich mir das Jung- und später das Thälmann-Pionierhalstuch um den Hals knoten dürfen und meine Klasse immer zum Appell gemeldet: »Frau Soundso, hiermit melde ich, die Klasse 4a ist zum Appell vollständig angetreten.« Die Worte hallen bis heute in mir nach. Und während ich das aussprach, hielt ich die flache Hand über der Stirn. Ja, damals herrschte wirklich Zucht und Ordnung in der Schule. Und jeder in der Klasse hatte einen Posten: Ich wurde Jahr für Jahr zur Gruppenratsvorsitzenden gewählt. Nicht, weil ich das unbedingt wollte, sondern, weil kein anderer Bock darauf hatte. Da meine Mutter und meine Lehrerin aber beste Freundinnen waren, konnte ich schon aus rein moralischen Gründen nicht sagen: Ich will aber nicht.

Geschadet hat mir die Schulzeit letztendlich nicht, aber ich bin auch nicht traurig, dass meine Jungs so einen dann doch irgendwie militärischen Drill nicht mehr mitmachen müssen. Es sei denn, wir schicken sie in irgendein überteuertes Eliteinternat. Aber da ich nicht vorhabe, unser Haus dafür zu verpfänden und noch weniger Lust verspüre, meine Kinder nur noch alle paar Monate zu sehen, fällt das sowieso flach.

Ich dachte nach und wählte die Nummer meines Schwagers in spe. Der ist Schulleiter einer »demokratischen Schule«, und ich fragte ihn, was sich hinter diesem Begriff genau verberge. Die DDR führte »demokratisch« auch im Titel, und so richtig hat es da ja nicht funktioniert. Er erklärte mir, dass hier an der Schule Demokratie das A und O sei, da die Schüler jeden Tag selbst entscheiden würden, was sie heute lernen möchten. Es gäbe weder Noten noch Prüfungen oder Hausaufgaben. Abschlussprüfungen würden an anderen Schulen abgelegt. Alles werde basisdemokratisch entschieden … Trotz seiner euphorischen Darstellung blieb ich skeptisch und fragte mich, ob dieses selbstbestimmte Lernen funktionieren kann. Zu meiner Zeit gab es nur getakteten Frontalunterricht, inklusive Noten, Klassenarbeiten und Hausaufgaben. Hab ich mich dabei immer wohlgefühlt? Nein. Gab es eine Alternative? Nein. Also zog ich es bis zur 12. Klasse durch und beendete mein Abi mit »Gut«. Aber hätte ich an einer »demokratischen Schule« wirklich die Selbstdisziplin gehabt, nicht nur in meinen Lieblingsbüchern zu schmökern, sondern auch die von mir verhassten Mathe- und Physikbücher durchzuackern? Ich hatte heftige Zweifel.

Eine Studie, so mein Schwager weiter, habe gezeigt, dass etwa 66 Prozent der Schüler einer demokratischen Schulen ihr Abitur machen und der Großteil danach auch studiert. Das sind ähnliche Zahlen wie an »konservativen« Schulen. Ein Nachteil ist also erst mal nicht erkennbar. Ob diese Art der Schule dennoch die richtige für meine Kinder wäre …? Wenn sie in puncto Lernen eher nach ihrem Einser-Abi-Vater kämen, dem die guten Noten nur so in den Schoß purzelten und für den das Lernen eine Leichtigkeit war, dann vielleicht.

Aber das warf gleich die nächste Frage auf: Müssen meine Kinder überhaupt mal Abitur machen? Ist es mir wichtig, dass sie studieren? Zumindest das kann ich klar beantworten. Und zwar mit einem: Nein! Ich bin tatsächlich keine Mutter, die danach strebt, mal in der ersten Reihe der Uni-Aula zu sitzen und sich die Glückstränen aus den Augenwinkeln zu tupfen, weil ihr Kind vom Rektor sein Abschluss-Zeugnis überreicht bekommt und sich von nun an Master of Law nennen darf. Ehrlich nicht. Viel wichtiger als irgendein XY-Uni-Abschluss ist mir, dass meine Jungs eine Arbeit finden, die sie erfüllt und glücklich macht. Sei es nun als promovierter Bioinformatiker, als Sachbearbeiter im Jugendamt oder als Feuerwehrmann.

Ich selbst habe zwar studiert, wirklichen Megaspaß hat mir das Ganze rückblickend aber nicht gemacht. Vielleicht, weil ich damals nicht recht wusste, was mal aus mir werden soll und ich eher aus Verlegenheit ein Anglistik-Soziologie-Psychologie-Spanisch-Studium begonnen hatte, in der Hoffnung, während der Uni-Zeit werde mir schon die Erleuchtung kommen. Am Ende, nach diversen schlecht bezahlten Praktika, landete ich im Journalismus. Im Grunde eine logische Konsequenz, denn geschrieben hatte ich immer gern. Aber ob es den Umweg über dieses Studium gebraucht hätte …? Tja, hätte, hätte, Fahrradkette.

Kürzlich hatte ich dazu ein Gespräch mit meiner Nagelpflegerin, zu der ich mich alle Jubeljahre mal verirrte, um mir und meinen Füßen etwas Gutes zu tun. Ihr Kind besuchte die sechste Klasse eines Gymnasiums, und sie beklagte sich, dass der Junge keine Lust auf Schule habe und immer miese Noten heimbrächte. Und dass er viel lieber an seinem Moped, was er ja noch nicht einmal fahren dürfe, herumschrauben würde. Ich so: »Ist doch toll, dass er ein Hobby hat, das ihn erfüllt. Andere Kids in dem Alter kleben nur am Smartphone oder am Joint. Er macht stattdessen etwas Sinnvolles, wo nicht die Gefahr droht, dass dich ein Inkassobüro anruft, weil er zu viele kosten-pflichtige Spiele-Apps heruntergeladen hat, oder sich die Polizei bei dir meldet, weil sie ihn mit 'ner Ladung Gras erwischt haben.« Und dann fragte ich sie: »Warum geht er überhaupt auf ein Gymnasium, wenn ihm das Lernen so schwer fällt und er keinen Spaß daran hat?« Sie: »Na, weil alle aufs Gymnasium gehen.« Ich wieder: »Das ist doch Käse. Dann könnte man ja alle vorhandenen Regel- und Gesamtschulen dicht machen.« Sie zurück: »Na, zumin-dest alle Kinder aus unserem Freundeskreis.« Ich: »Aha, so läuft der Hase! Er geht aufs Gymnasium, weil ihr euren Freunden gegenüber nicht abstinken wollt. Das versteh ich sogar. Irgendwie zumindest. Aber für euer Kind ist das großer Mist.« Sie seufzte: »Ja ja, Frau Schlau-Schlau …« Ich war aber noch nicht fertig: »Hast du denn Abi ge-macht?« Sie verneinte. Ich wieder: »Hast du es jemals bereut?« Sie dachte nach: »Nein, eigentlich nicht.« Ich zufrieden: »Siehste!« Warum sollte sie es auch bereuen? Sie hatte sich einen florierenden Beauty-Salon aufgebaut und allen Grund, megastolz darauf zu sein. Mittlerweile geht ihr Sohn übrigens auf eine Regelschule, hat Spaß und kriegt zumindest halbwegs gute Noten. In seiner Freizeit jobbt er in einer Autowerkstatt. Und nach der Zehnten will er Kfz-Mechaniker werden.

Auch meine Söhne lieben es zu schrauben, zu häm-mern, zu sägen. Sie sind aber auch große Fans der Polizei, der Feuerwehr, der Krankenwagen und auch der Müllab-fuhr. Außerdem singen und tanzen sie gern und mögen Ball- und Bastelspiele. Mit ähnlich großer Leidenschaft schauen sie aber auch in die Glotze … Ihre berufliche Zukunft ist also noch völlig offen. Und genauso offen bin ich – und sehr gespannt. Nur einen Beruf, wenn man das überhaupt so nennen darf, würde ich ihnen gern verbieten. Und nein, ich rede nicht vom Justizvollzugsbeamten oder vom Hochhausfensterputzer – nein, ich spreche vom neuen Berufsbild »Influencer«.

Irgendwann hat der Liebste mal einen Vortrag gehalten, wo ich sogar dabei sein durfte. Normalerweise ist ihm das unangenehm. Auf jeden Fall hat er da etwas sehr Kluges gesagt, das mich aber auch sehr erschreckt hat. O-Ton: »Wir sind mittlerweile zu einer extrem narzisstischen Selbstinszenierungsgesellschaft geworden. Das ist sehr weit weg von: Was will und wer bin ich eigentlich? Da zählt eher: Wie wirke ich? Und mit was mache ich mich interessant?«

Dieser Trend sagt mir so gar nicht zu, aber eine Lösung, das Ganze zu stoppen oder wenigstens einzudämmen, habe ich auch noch nicht gefunden. Junge Leute starren heute stundenlang auf ihr Handy und schauen bei Youtube dabei zu, wie Bibi sich einen Lidstrich zieht, Dagi ihre neuesten Designerfummel vorführt, Sami irgendwelche Detox-Drinks anpreist und Patrick über Online-Games fachsimpelt. Oder sie bewundern bei Instagram die neuesten sexy Selfie-Pics von Cathy, Ina oder Lena, statt einfach mal ein gutes Buch zu lesen oder mit ihren Freunden coole Gespräche zu führen. Die eigene Individualität geht dabei so was von flöten, weil man sich nur an solchen Pseudostars orientiert. Und intelligenter wird man dadurch auch nicht. Stattdessen träumen alle Teenies plötzlich davon, auch mal große Influencer zu werden. Kein Wunder, dass das Handwerk kaum Nachwuchs findet. Ein Schmollmund- oder Sixpack-Foto im Abendlicht zu machen hat natürlich viel mehr Sexappeal, als früh um fünf Brötchen zu backen. Vor Letzterem habe ich aber tausendmal mehr Achtung.

Also, liebes Schicksal, sorg bitte nicht nur dafür, dass meine Söhne keine Influencer werden, sondern dass sie am besten auch keine Follower von irgendeinem Influencer werden. Spätestens dann sehe ich mich gezwungen, heimlich unser WLAN-Passwort zu ändern.

Als der Liebste mal ein Fußballspiel im Fernsehen schaute, sagte mein Kurzer: »Ich auch mal Fußball spielen.« Ich dachte kurz nach und sagte: »Okay, gebongt. Aber nur, wenn du nebenher noch was Anständiges lernst, dir keine Goldkettchen umhängst, keinen Protzschlitten fährst, dir keine strunzdumme Spielerfrau mit Extensions und gemachten Brüsten anlachst und keine Insta-Stories im Fitti drehst. Dann sehr gerne … Aber nur, wenn Mama dich managt.« Er nickte. Ich: »Also, abgemacht.«

Kampf dem Oberschenkel- geschwabbel

Ich glaube wirklich, ich gäbe eine ganz passable Spieler-mutti ab. Ich kann laut brüllen, bin leidenschaftlich und schaue gern Sport – egal welchen. Ich kann da eine richti-ge euphorische Hysterie entwickeln. Ob ich die allerdings immer noch in mir trage, wenn ich mich jahrelang, zwei-undfünfzig Wochen in Folge, jeden Samstag oder Sonntag bei Wind und Wetter am Spielfeldrand wiederfände …? Das kann ich jetzt noch nicht so genau einschätzen. Ich habe einmal eine Mutter getroffen, deren Söhne aktiv Fußball und Basketball spielten. Sie fand das überhaupt nicht so cool und hätte es lieber gesehen, wenn es ihre

Kinder zu wettkampflosen Sportarten gezogen hätte, wie Angeln oder so. Denn, so beklagte sie, die Familie würde sich am Wochenende gar nicht mehr sehen: Der Papa würde ein Kind zum Fußball-Punktspiel begleiten und sie das andere zum Basketballspiel. Oder andersherum. Da die Spiele selten zur gleichen Zeit stattfänden, könne man so gut wie nie größere gemeinsame Ausflüge planen. Okay, dachte ich, so ein ›Worst-Case-Scenario‹ muss ich tatsächlich versuchen zu verhindern. Meine Kinder müssten also später mal in ein und dasselbe Sportteam, oder wir suchten ihnen eine Randsportart aus, in der nie oder nur selten Wettbewerbe ausgetragen werden. So was wie Unterwasserrugby oder Quidditch.

Zu welcher Sportart es meine Kinder hinzieht, vermag ich im Augenblick noch nicht einzuschätzen. Jedoch hoffe ich, dass sie etwas finden, das ihnen liegt. Denn natürlich weiß ich um die Bedeutung von sportlicher Betätigung. Leider nur theoretisch. Was Sport betrifft, bin ich ein grottenschlechtes Vorbild. Während mir Sportgucken großen Spaß macht, bin ich eine echt faule Lusche, wenn es darum geht, selbst den Hintern hochzukriegen.

Ansonsten lebe ich recht gesund, und es braucht nicht viel zur Selbstoptimierung. Seit meinen Schwangerschaften rauche ich nicht mehr (schmeckt plötzlich nur noch nach Teer), trinke kaum noch Alkohol (Eierlikör ist ja kein richtiger Alkohol), esse jeden Tag Obst und Gemüse und bin relativ selten krank – zumindest wenn man bedenkt, dass ich zwei Kita-Kinder habe. Wenn man vom meinem defizitären Schlaf, für den ich nicht verantwortlich bin, sondern meine Kinder, mal absieht, ist an meiner Lebensweise wenig auszusetzen. Eigentlich. Denn Sport nimmt in meinem Leben eindeutig eine zu kleine Rolle ein.

Eine meiner Freundinnen hat Zeit ihres Lebens immer Sport getrieben. Obwohl sie heute drei Kinder hat, nimmt sie sich mehrfach die Woche Zeit für ihr Körper- und Seelentuning. Bevor wir beide Kinder hatten, waren wir mal für eine Woche in New York. Selbst dahin nahm sie ihre Joggingschuhe mit. Und während ich in unserem Lieblingscafé neben dem Ein-Sterne-Hotel, in dem wir wohnten, saß und mir genüsslich Blaubeer-Pancakes mit Ahornsirup reinzog, joggte sie am Hudson River entlang. Dafür bewunderte ich sie, konnte es aber gleichzeitig auch nicht nachvollziehen. Sie wiederum verstand nicht, wie man keinerlei Bewegungsdrang in sich tragen kann. Das konnte ich ihr nicht beantworten, nur, dass ich eben lieber Pancakes aß, als zu joggen. Außerdem liefen wir ja den ganzen Stadt kreuz und quer durch die Stadt. Das war Sport genug für mich.

Bis heute ist es so, dass ich lieber esse, als Sport zu treiben. Während die Physis die körperliche Passivität in jungen Jahren verzeiht, melden sich Rücken, Nacken & Co. jedoch mit fortschreitendem Alter umso lauter und brüllen um Hilfe. Das war auch bei mir nicht anders. Während ich bis Mitte dreißig keinerlei körperliche Probleme hatte, änderten meine beiden Schwangerschaften und die Geburten meiner Kinder alles. Plötzlich wusste ich, was Nacken-, Kreuz- und Lendenwirbelschmerzen sind. Ich ging zum Orthopäden, zum Physiotherapeuten, zum Osteopathen und erhoffte mir von allen ein Wunder. Alle drei trugen zwar mit ihren Behandlungen dazu bei, dass die Schmerzen mal kurz nachließen, aber keiner zauberte sie endgültig weg. Stattdessen bliesen alle in das gleiche Horn: »Frau Groth, Sie müssen Sport machen. Sonst sehe ich schwarz.« So etwas hört eine erklärte Couchpotato natürlich nicht so gern. Dennoch beschloss ich schweren Herzens, etwas zu ändern.

Seit einem Jahr besuche ich nun jeden Donnerstagabend einen Yogakurs, den eine Freundin ins Leben gerufen hat. Wir treffen uns bei ihr im Laden, hängen die Fensterscheiben ab, damit sich draußen keine Voyeur-Traube bildet und sich scheckig lacht, schieben alle Möbel zur Seite, zünden zwei, drei Duftkerzen an, die bei mir regelmäßig zu Niesattacken führen, aber ohne die es zu dunkel wäre, rollen unsere Matten aus und los geht's. Da pro Kurs mindestens fünf Teilnehmerinnen dabei sein müssen, weil wir sonst die Yogalehrerin nicht bezahlen können, kommt eine Abwesenheit im Grunde nicht in Frage. Erst recht keine spontan angekündigte. Dieser Druck tut mir gut, er hält den inneren Schweinehund im Zaum. Da liege ich dann also ächzend auf meiner Matte und bin Lichtjahre davon entfernt, mit der Nase an mein Knie zu stupsen, wie es die Lehrerin mit Leichtigkeit vormacht. Aber darum ginge es auch gar nicht, betont sie immer, und dass man auf seinen Körper hören solle, der würde einem die Limits schon zeigen. Meiner zeigt mir die besonders schnell. Die Lieblingsfloskel unserer großartigen Lehrerin lautet: »ganz genüsslich«. Jede Übung solle man »ganz genüsslich« machen. Das ist zwar ein nett gemeinter Ratschlag, aber nach dreißig Sekunden in der Utkatasana-Position (das ist die, bei der man aussieht, als würde man auf einem unsichtbaren Klo sitzen und plötzlich steht die Polizei vor einem und sagt: »Hände hoch!«) finde ich gar nichts mehr genüsslich, sondern nur noch megaanstrengend, weil ich das Brennen in meinen Oberschenkeln kaum noch aushalte. Dennoch: Der Kurs tut mir gut. Körperlich und auch mental. Und nicht nur, weil wir Mädels uns danach noch bei Brennnesseltee (der leckerer schmeckt, als sein Name vermuten lässt) und Low-Carb-Chips (die noch mieser schmecken, als ihr Name ohnehin schon suggeriert) festquatschen.

Nun ist dieser eineinviertelstündige Yogakurs einmal pro Woche sicher schön und gut und besser als nichts, aber ausreichend ist das natürlich nicht. Das wird mir auch immer mal wieder bewusst beziehungsweise bewusst gemacht. Irgendwann, es war ein heißer Tag und ich entsprechend leicht angezogen, lümmelte ich mit meinen Kindern auf dem Fußboden herum und las ihnen vor. Irgendwann fing mein Großer an, immer wieder an meine Oberschenkel zu tippen, bis er fragte: »Mami, wieso schwabbelt das denn so? Die Beine vom Papi sind viel härter.« Och nö, dachte ich so bei mir, jetzt treibt mich schon mein eigener Sohn geradewegs in die Magersucht und in den Sportwahn. Ich so zu ihm, leicht angesäuert: »Erstens: Der Papi ist ein Mann, und Männer haben festeres Bindegewebe und mehr Muskeln. Und zweitens: Die Mama verbringt eben lieber Zeit mit euch, als ins Fitnessstudio zu gehen.« Mein Sohn dachte kurz nach und sagte: »Aber der Papi kann doch in dieser Zeit auf uns aufpassen. Das macht er doch auch, wenn du Yoga hast.« Da war er also mal wieder: der berühmt berüchtigte Kindermund ... Wo war eigentlich das blöde Gaffa-Tape, um solche Aussagen zu unterbinden, wenn man es mal braucht?

Natürlich hatte mein Sohn recht. Ich tat zu wenig für meine Oberschenkel und den restlichen Körper. Aber was sollte ich tun? Ein Fan von Fitnessstudios war ich nicht. Da hab ich schon oft probiert, und es endete immer damit, dass ich ein halbes Jahr oder kürzer relativ regelmäßig hinmarschierte (also einmal die Woche), aber bald so gelangweilt von dem Zirkeltraining, den Bauch-Beine-Po-Kursen und den öligen Ich-bin-so-geil-Fitness-Junkies war, dass ich es bleiben ließ. Natürlich vergaß ich jedes Mal, rechtzeitig die Mitgliedschaft zu kündigen, so dass diese Sixpack-versprechenden Blutsauger weiterhin ein Vermögen an mir verdienten. Ich glaube, zahlende Karteileichen wie ich es multiple Male war, sind den Fitnessstudio-Inhabern die allerliebste Kundschaft. Denen müssen sie keine nervigen Fragen zur Geschwindigkeitseinstellung von Crosstrainern beantworten, die verduschen nicht endlos kostbares Wasser, schleppen keinen Fußpilz in die Sauna und beschweren sich nicht über die viel zu warmen Isodrinks. Sie sind nicht da und lassen die Kasse trotzdem klingeln. In diese Falle wollte ich nicht schon wieder tappen und strich die Option Fitnessstudios gedanklich von der Liste.

Ich dachte weiter nach und kam darauf: Ich werde Läuferin. Also Joggerin. Das war die Lösung. Laufen kostete nichts, ich war an der frischen Luft und musste mich nicht an irgendwelche Öffnungs- oder Kurszeiten halten. Hochmotiviert zog ich am Tag darauf los und kaufte mir im besten Sportladen der Stadt atmungsaktive, schnelltrocknende, hautschonende, vollelastische Super-Hyper-Mega-Laufklamotten und dazu noch – farblich abgestimmt natürlich – die passenden Super-Hyper-Mega-Laufschuhe. Zusammen kostete mich der Spaß fast so viel wie eine Jahresmitgliedschaft im Fitti. Egal, es war ja gut investiert, denn diese Sachen würde ich, im Gegensatz zur Mitgliedschaft, wirklich nutzen. Zumindest war das der Plan. Aber nach dreieinhalb Wochen lagen die neuen und völlig überteuerten Sportsachen immer noch mit ihren Etiketten versehen in meinem Schrank. Ich hatte einfach nie die passende Zeitlücke für meinen Debütlauf gefunden. Früh versorgte ich meine Kinder und brachte sie in die Kita, danach musste ich erst einmal was wegarbeiten. Mittags musste ich etwas essen, und mit vollem Bauch joggt es sich schlecht. Am frühen Nachmittag fand ich es wahlweise zu heiß oder zu frisch oder zu nass, um rauszugehen. Und am späten Nachmittag musste ich schon wieder los, um die Jungs abzuholen. Abends, wenn sie im Bett lagen, war es mir dann zu dunkel, um das Haus noch einmal zu verlassen. Man las und hörte in letzter Zeit ja so viel von Überfällen auf weibliche Jogger!

Was also tun? Ich brauchte etwas, das noch flexibler war als Joggen … Natürlich, das war's: Apps lautete das Zauberwort. Ich stöberte durch den App-Store in meinem Handy und suchte nach kostenfreien Fitness-Programmen. Zwei davon lud ich mir runter. Eine App nannte sich »7 Minutes Workout«. Das kam mir entgegen. Sieben Minuten würde sogar ich durchhalten. Das Workout sah so aus, dass man zwölf verschiedene Übungen hintereinanderweg durchturnte, mit jeweils zehn Sekunden Pause dazwischen. Die App machte nichts weiter, als mit einer harschen Frauenstimme die Übungen anzusagen und die Sekunden runterlaufen zu lassen. Das ging so: »Start! Abdominal Crunches.« Dann lief die Zeit runter. Bis die Drill-Instrukteurin rief: »Rest! Next: High Knees running in place.« Nach zehn Sekunden dann: »Start. High Knees running in place.« Und so weiter.

Ich ließ mich ein paar Tage lang von der App herumkommandieren, bis es mir zu doof wurde und ich sie entnervt löschte. Wenigstens die Reihenfolge der Übungen hätten sie ja mal für einen kleinen Überraschungseffekt ändern können. Oder mal neue Übungen hinzufügen können. Aber nix da. Sie quälte einen immer wieder aufs Neue mit ihrer schnarrenden Stimme und der gleichen öden Reihenfolge der immer gleichen Übungen.

Ich öffnete hoffnungsvoll die zweite App, die ich mir heruntergeladen hatte, und stellte fest, dass ich da erst einmal alle persönlichen Daten eintragen sollte, bevor es überhaupt losging mit dem Training. Geht's noch! Plumper geht ein Datenklau ja wohl nicht. Ohne zu zögern löschte ich auch diese App – und war frustriert. Die Mission: Oberschenkel-Tuning gestaltete sich schwieriger als gedacht.

Nach der App-Pleite klagte ich dem Liebsten abends auf dem Sofa eierlikörschlürfend mein Leid. Seine Reaktion: »Ich weiß gar nicht, was du hast. Unten im Waschraum steht seit Ewigkeiten ein Hometrainer herum. Da musst du nur mal mit dem Staubwedel drüber, und schon ist der startklar. Da kannste was gegen dein angebliches Oberschenkel-Geschwabbel tun.« Ich zurück: »Ach der. Der ist doch hornalt. Als ich vor zwei Jahren zuletzt auf dem saß, hat der total gequietscht und geknarzt bei jedem Tritt, den man gemacht hat.« Er: »Wie wäre es mit einem Tropfen Öl an jeder Pedale?« Ich wieder: »Außerdem macht Fahrradfahren die Oberschenkel so dick. Ich will aber nicht aussehen wie eine Möchtegern-Serena-Williams. Ich will knackige und keine aufgepusteten Oberschenkel haben.« Er kopfschüttelnd: »Dir ist echt nicht mehr zu helfen.« Und ich dachte nur: »Wieso versteht mich denn keiner?«

Wenige Wochen darauf, am Grad meiner Oberschenkelschwabbelei hatte sich nach wie vor nichts geändert, überreichte mir der Liebste am Heiligabend ein riesiges und schweres Paket. Gespannt und euphorisch begann ich, es auszuwickeln. War es das Regal für mein Büro aus dem Impressionen-Katalog, das ich kürzlich bewundert hatte? Oder war es doch das unfassbar schöne Geschirrservice von Kahla Porzellan, von dem ich ihm seit längerem schwärmte? Ich wurde immer aufgeregter. Als das Packpapier abgefetzt war und den vollständigen Blick auf das Geschenk erlaubte, schlief mir erst einmal kurz das Gesicht ein. Dann schaute ich den Liebsten an und sagte tonlos: »Ist nich dein Ernst, oder?« Er hatte mir tatsächlich eine Vibrationsplatte, also ein Fitnessgerät, das einen durchrüttelt, wenn man darauf rumturnt, geschenkt und darauf ein Post-it geklebt, auf dem stand: »Die beste Lösung gegen Schwabbel- und Orangenhaut. Viel Spaß!« Er grinste und antwortete: »Fröhliche Weihnachten!«

Selfish Mother

Am Ende saß ich aber nicht das ganze Weihnachtsfest über schmollend in der Ecke, weil der Liebste mir, neben dem Schwabbel-Gerät, noch einen Gutschein für ein Wellnesswochenende in Tschechien geschenkt hatte. Ich schimpfte zwar, dass er nicht so viel Geld hätte ausgeben sollen, freute mich aber tierisch. Denn das sollte das erste Wochenende werden, das wir, seit wir Eltern waren, ohne unsere Kinder verbringen würden. Eine Nacht waren wir schon mal gemeinsam weg gewesen, aber noch nie zwei Nächte am Stück. Wir würden also endlich das tun, über das die eine Sorte von Kleinkindeltern sagt: »Was?!? Wie könnt ihr so egoistisch sein und das machen?« Während die andere Gruppe erwidern würde: »Wie, ihr macht so etwas erst jetzt? Seid ihr blöd?«

Eine Bekannte von mir gehört zur erstgenannten Gruppe. Obwohl ihr Sohn schon fast im Schulalter ist, sind sie und ihr Mann noch nie ohne ihr Kind verreist. Nicht mal eine Nacht. Und nicht nur das: Seit der Knirps auf der Welt ist, sind sie und ihr Mann noch nicht einmal abends gemeinsam ausgegangen und ließen ihn in der Obhut von Oma oder einer Babysitterin. Irgendwann einmal beklagte sie sich bei mir, dass sie und ihr Mann nur noch nebeneinanderher leben würden und sie sogar den Verdacht hege, er hätte eine Affäre mit seiner Kollegin. Normalerweise mische ich mich ungern in das Leben anderer ein, aber hier tat ich es doch. Ich schlüpfte also in die Rolle der Küchenpsychologin und legte los: »Ich befürchte, ihr habt euch, seit ihr Eltern seid, komplett als Paar aus den Augen verloren. Ihr geht nicht mehr gemeinsam aus, geschweige denn, fahrt ihr mal ohne Kind ein, zwei Tage weg. Ihr seid nur noch Eltern und nehmt euch als Paar gar nicht mehr wahr. Das ist langfristig nicht gut für eine Beziehung.« Sie zurück: »Aber ich kann doch nicht so tun, als hätten wir kein Kind.« Ich: »Du wieder. Das musst du ja auch gar nicht. Aber die Welt dreht sich nicht allein um euren Augenstern. Außerdem könnt ihr doch auch beim romantischen Candlelight-Dinner beim Italiener über euren Sohn sprechen. Und ich bin mir sicher, der Knirps hätte Mordsspaß, mal mit seinen Großeltern alleine Zeit zu verbringen. Und sie fänden es wiederum gut, mal ohne euch mit ihrem Enkel zusammen zu sein und die Helikoptereltern auf die Wellness-Liege oder ins Kino zu schicken.« Sie schnappte nach Luft: »Helikoptereltern?« Ich: »Ja, nimm's mir nicht übel, aber das seid ihr. Weil ihr nicht loslassen könnt. Und ihr vertraut anderen auch nicht ... Oder warum wart ihr noch niemals ohne euer Kind weg? Ich kenne eure Oma. Die ist großartig. Selbst ich würde ihr ohne mit der Wimper zu zucken meine Kinder anvertrauen.« Sie zurück: »Weil der Kleine das nicht wollte ...« Ich wieder: »Das ist doch Käse. Das sagt er, weil er es nicht anders kennt. Ich glaube eher, dass du es gar nicht wolltest. Aber wenn du möchtest, dass dein Kind mal selbständig wird und dir nicht noch in zehn Jahren am Rockzipfel hängt, musst du lernen loszulassen. Und das wiederum täte auch deiner Ehe gut.« Besser hätte es, wie ich fand, kein Psycho-Ratgeber formulieren können. Ich war stolz auf mich und meine mitfühlende Eloquenz ... Doch was sagte sie darauf? »Ach, du verstehst mich einfach nicht.« Und brach in Tränen aus ... Nein, das tat ich tatsächlich nicht. Dennoch drückte ich sie fest, hielt fortan aber lieber die Klappe.

Am Ende muss eben jedes Paar seinen eigenen Weg finden. Mir war immer wichtig, mich nicht nur als Mama, sondern auch weiterhin als Frau und Partnerin zu fühlen. Ein paar Wochen nach der Geburt unseres Großen besuchten der Liebste und ich ein Konzert von Phillip Boa – zum ersten Mal als Eltern – nur eben ohne Nachwuchs. Der wurde von Oma und Opa zu Hause versorgt und mit Argusaugen bewacht. Dieser kleine Ausflug dauerte nur knapp drei Stunden, dann war ich schon wieder beim Kind und er an meiner Brust – aber diese Mini-Auszeit bedeutete mir unglaublich viel. Ich hatte mal wieder am Leben außerhalb des Schnuller-Kosmoses teilgenommen. Und mich quälte keinerlei schlechtes Gewissen. Auch nicht, als mich beim Konzert eine Bekannte mit den Worten ansprach: »Häh, wieso bist du denn hier? Du hast doch gerade erst ein Kind bekommen?« Ich zurück: »Ja, und? Das hab ich kurz neben den Mülltonnen am Eingang abgelegt, und dann nehme ich es wieder mit.« Sie rollte nur die Augen und erwiderte: »Also, ich hätte das damals, so kurz nach der Geburt, nicht gekonnt.« Meine Retoure: »Deshalb bist du ja auch nicht ich.« Ich lachte sie an und widmete meine Aufmerksamkeit wieder Phillip und seiner Band vorn auf der Bühne und grölte mit: »Container love, the years have passed, the rainbow shows, he fell in love not far from death, decation grows …« Genau dafür war ich hier, um mich heiser zu singen und bis zur Erschöpfung zu tanzen – und nicht, um hanebüchene Diskussionen darüber zu führen, ab wann frischgebackene Mütter ohne Kind vor die Tür gehen dürfen.

Mein Mantra lautet ja: Happy mom, happy life! Abgekupfert hab ich das von: Happy wife, happy life! Da ich nicht verheiratet bin, kann ich das nicht auf mich applizieren. Deshalb eben: Happy mom, happy life! Reimt sich nicht, ist aber genauso wahr. Ich bin wirklich der Meinung, je zufriedener die Mutti, desto zufriedener die Kinder. Und ja, vermutlich auch der Papa.

Und zu meinem Lebensglück gehört es eben dazu, nicht nur und ausschließlich für meine Kinder da zu sein. Sondern auch für mich – und ja, eben auch für den Papa. Deshalb ist es mir wichtig, dass meine Kinder bis acht Uhr abends in der Kiste liegen. Nicht nur, weil ich der Meinung bin, dass sie den Schlaf brauchen, ich will dann auch einfach Ruhe im Karton haben und nicht mehr hören: »Mami, ich möchte ein Schokobonbon«, »Mami, puzzelst du mit uns?« oder »Mami, warum können Flugzeuge fliegen?« Nach acht Uhr will ich mich Dingen abseits der Kinderwelt widmen, will Erwachsenengespräche mit dem Liebsten führen, erst das »Zeit«-Magazin und danach Schundromane lesen, Mafia-Serien gucken, mit einem meiner Mädels stundenlang telefonieren, meine Nägel feilen – oder aber schräge Texte übers Mama-Dasein schreiben.

Ich kenne Familien, da turnen die Sprösslinge bis zehn, elf Uhr in der Wohnung herum und gehen erst mit den Eltern schlafen. Der große Vorteil daran: Während unsere Kinder nie länger als bis um sechs, um sieben schlafen, können diese Kinder bis in die Puppen pennen. Aber selbst mit der Aussicht, am Wochenende mal ausschlafen zu können, wäre das keine Option für mich. Da werde ich lieber mit einem »M-A-M-A, ich bin wahach!« um 6.17 Uhr liebevoll aus dem Bett gebrüllt, als dass ich meinen knatschigen (weil übernächtigten) Kindern um 21.50 Uhr »Die Schnecke und der Buckelwal« vorlese, um danach noch eine Runde Obst-Memory mit ihnen zu zocken. Nö, danke! Dafür ist mir meine Me-time viel zu wichtig.

Zu meinen Lieblingssweatshirts gehört ein grauer, extrem gemütlicher Kapuzenpulli mit dem Aufdruck ›Selfish Mother‹. Ich trage den immer mit sehr viel Spaß und freue mich über jede erheiternde Reaktion, die der Pulli auslöst, aber auch über jeden entrüsteten Blick, den ich ernte, wenn ich damit in die Kita marschiere. Irgendwann mal, ich schlurfte gerade gedankenverloren durch den Supermarkt, sprach mich eine Frau auf mein Sweatshirt an und fragte mich ernsthaft, ob ich mich nicht schämen würde, so etwas freiwillig zu tragen. Sie tat das mit einer Entrüstung, als trüge ich ein Kleidungsstück der in rechten Kreisen so beliebten Klamottenmarke Thor Steinar. Natürlich wusste ich genau, worauf sie anspielte, gab mich aber ahnungslos. Ich also: »Ich weiß gar nicht, was Sie meinen?« Sie: »Na, Ihr Pulli. Sie können doch nicht mit so einer Botschaft herumrennen.« Ich: »Welche Botschaft?« Sie: »Na, wissen Sie gar nicht, was auf Ihrem Pulli steht?« Ich wieder: »Doch. Selfish Mother. Na und?« Sie: »Sie wissen schon, was das bedeutet? Da steht: Egoistische Mutter.« Ich: »Ja. Genau deshalb trage ich den Pulli.« Sie schüttelte den Kopf und lief weiter.

Aber es stimmt: Ich bin eine egoistische Mutter. Es gibt Momente, da denke ich ausschließlich an mich und tue das, was mir gefällt. Da lasse ich den Papi und die Jungs alleine in den Baumarkt fahren und lege mir eine klebrige Gesichtsmaske auf. Oder ich sag »Tschüssi, bis später. Mami hat euch lieb« und verabrede mich mit einer Freundin zur Sushi-Happy-Hour. Oder aber ich schnappe mir den Liebsten und schaue mir im Kino freiwillig den neuesten handlungsarmen Tarantino-Streifen an. Weil es einfach gut tut, mal aus dem Alltag auszubrechen, mal andere Luft als die heimische zu schnuppern und fest-zustellen, wie gut man's eigentlich hat. Das sieht man nämlich manchmal am besten von außen.

Und genau deshalb freute ich mich so unbändig über die Reise, die der Liebste mir geschenkt hatte. Wie es war? Ganz und gar großartig! Habe ich meine Kinder vermisst? Ja, habe ich. Würde ich es wieder tun? UNBEDINGT! Vo-rausgesetzt, ich weiß meine Kinder gut betreut. Und das waren sie. Aber hallo! Mehr als gut. Verwöhnprogramm de luxe sozusagen. Denn beide Omas hatten sich übers Wochenende bei uns einquartiert und ihre Enkelkinder nach Strich und Faden verwöhnt und entertaint.

Zugegeben, der Abschied verlief sehr tränenreich. Beide Jungs heulten wie Schlosshunde, und ich war nah dran, mein Köfferchen wieder auszupacken und die Reise abzublasen. Dennoch fuhren wir los. Als ich fünf Minuten später anrief, um zu hören, ob alles gut sei, vernahm ich nur ein Kicher-Duett und Rufe wie: »Wir sind T-Rexe. Wir fressen jetzt die Oma auf.« Ich war beruhigt.

Immer wenn der Papi und ich in den folgenden zwei Tagen mal nach dem Rechten hören wollten, waren beide Jungs schwer mit Drachen-Ausschnibbeln, Gummistiefel-weitwerfen oder Apfelmuss-mit-Vanilleeis-Essen beschäftigt, sodass sie kaum Zeit hatten, mit uns zu reden, und noch weniger Zeit hatten, uns zu vermissen. Genauso sollte es sein! Der Liebste und ich genossen es derweil, mal nicht am laufenden Band reden und zwölf Fragen in drei Minuten beantworten zu müssen. Mal nicht im Minutentakt Streitereien schlichten und schimpfen zu müssen. Mal mehrere Mahlzeiten hintereinander ohne Unterbrechungen erleben zu dürfen. Mal in den Tag hineinzuleben und keinen Verpflichtungen nachgehen zu müssen. Und wir genossen es – und zwar über alle Maßen – zwei Nächte am Stück und lange zu schlafen. Und Mittagsschlaf haben wir auch noch gemacht. Seit Ewigkeiten hatte ich mich nicht so ausgeruht und fit gefühlt wie nach diesen zwei Nächten.

Als wir wiederkamen, erwarteten uns zwei glückliche, aber erschöpfte Kinder und zwei glückliche, aber erschöpfte Omas. Kein Wunder bei dem XXL-Bespaßungsprogramm. Und ja, auch ich war glücklich, meine Jungs wieder um mich zu haben.

Um Kraft und Energie zu tanken, einmal aus dem Alltag auszubrechen und sich auf den Papi, äääh, den Liebsten, zu besinnen, ohne abgelenkt zu werden – dafür waren diese zwei Tage Gold wert. Mehr müssen es gar nicht sein. Na gut, vielleicht noch zwei. Aber mehr nicht.

Denn dann bekäme ich vermutlich furchtbares Heimweh nach meinen Kindern und würde mir die Auszeit damit selbst vermiesen.

In dem Kurzurlaub, in dem ich auch Zeit fand, über ein paar Dinge abseits des Alltagswahnsinns nachzudenken, hatte ich einen Plan gefasst, der meine Freundin und ihren Mann betraf, die seit der Geburt ihres Sohnes noch nie etwas ohne ihren Spross gemeinsam unternommen hatten. Ich war zu der Auffassung gekommen: Manchmal muss man Menschen einfach zu ihrem Glück zwingen. Mein Konzept sah so aus, dass ich für meine Freundin und ihren Mann in einem romantischen Restaurant einen Tisch reservieren wollte, und während sie dort endlich mal die Gelegenheit hätten, sich wieder näherzukommen und ein paar Dinge zu besprechen, wollte ich mit ihrem Sohn und meinen Rabauken in ihrer Wohnung – damit der Knirps nicht aus seinem vertrauten Umfeld gerissen wird – eine Pyjamaparty veranstalten. Das würde ihn so ablenken, dass er seine Eltern gar nicht erst vermissen würde. Zumindest, wenn der Plan glatt lief ... Aber zuallererst müssten seine Eltern mein Geschenk erst einmal annehmen. Notfalls müsste ich das eben mit Polizeigewalt durchsetzen.

Vermutlich werden mich viele Übermütter für meine Ansicht verdammen, aber ich bin tatsächlich der Meinung: Kurze Verschnaufpausen vom Eltern-Dasein sollten vom Hausarzt obligatorisch verordnet werden – auch und gerade für diagnostizierte Helikoptereltern. Mindestens einmal im Quartal. Bei Bedarf auch häufiger. Das muss ja auch nicht immer ein ganzes Wochenende sein. Da reicht auch mal ein Abend. Und die Paare, die keine Oma in der Nähe haben, die auf die Bälger in der Zeit aufpassen kann, denen muss von der Krankenkasse eine zertifizierte Babysitterin finanziert werden. Oder ein Babysitter.

Ich bin zu tausend Prozent (ja, ich weiß, das gibt es nicht, aber einhundert reicht hier nicht), ich bin also zu tausend Prozent sicher, das würde die hohe Trennungsrate von Elternpaaren in Deutschland extrem senken, die gerade in den ersten Jahren nach der Geburt von Kindern in die Höhe schnellt. Und das flüstert mir diesmal nicht die Küchenpsychologin in meinem Kopf zu, sondern der gesunde Menschenverstand einer Stino-Mama.

Epilog

Ja, nun habe ich mich also ›nackig‹ gemacht … Hatte ich beim Schreiben mal einen hochnotpeinlichroten Kopf? Nein, nie. Wie gesagt, die Latte meiner innere Schamgrenze liegt sehr weit oben. Und warum sollte ich mich für meine Stinknormalität auch schämen? Ich finde, die sollte viel mehr präsentiert, exponiert und zelebriert werden. Stattdessen lassen wir Mütter uns durch die dominierende mediale Omnipräsenz der megatollen, alleskönnenden, immerschönen Super-Moms extrem verunsichern. Wir fangen an, an uns zu zweifeln und fühlen uns klein. Aber das ist großer Mist und so unnötig wie ein Magen-Darm-Infekt zu Weihnachten. Und genau deshalb wollte ich mit meinem Buch ein Zeichen setzen und die herrlich unperfekte Normalität einmal ordentlich abfeiern.

Es ist nun mal, wie es ist … Ich bin eine lausige Köchin – essen wird mir immer mehr Spaß machen, als am Herd zu stehen. Ich hab noch nie eine Latzhose genäht – geschweige denn, dass ich weiß, wie das geht – und ehrlich gesagt, interessiert es mich auch nicht. Ich kann kaum ein Kinderlied von vorn bis hinten auswendig singen, »Fuchs, du hast die Gans gestohlen« mal ausklammert (das hat doch nur die eine Strophe, oder?). Länger als eine Stunde im Sandkasten zu hocken macht mir schlechte Laune. Ich fluche wie ein Bierkutscher vor meinen Kindern. Ich schwindele sie an, wenn mir die Wahrheit zu anstrengend erscheint. Und ich drohe ihnen mit Fernsehentzug, wenn sie mir zu laut herumkrakeelen und nicht hören. Was Kita-Termine angeht, hab ich ein Gedächtnis wie ein Sieb. Und ja, ich liebe die Momente, wenn ich mal Mami-frei habe und weder Brote schmieren, noch Streitereien schlichten, noch zum tausendsten Mal ›Gute Nacht, Gorilla!‹ vorlesen muss, sondern mir in Ruhe die Nägel lackieren oder bei einem Konzert mal wieder besinnungslos tanzen und kreischen kann.

Denn so gern ich zweifache Jungs-Mami bin, so sehr schlaucht es mich auch regelmäßig. Erst recht in den Momenten, wenn Kreisch-, Streit-, Rumgetrödel- oder/und Chaos-Faktor sehr hoch sind. Der Alltag mit meinen zwei wilden, häufig trotzigen und oft sehr lauten Rabauken ist also weder das Abziehbild eines Kinder-Schokolade-Werbespots, noch würde uns Villeroy & Boch für seinen Katalog engagieren. Wir sind keine perfekte Bilderbuchfamilie – und ich bin erst recht keine perfekte Super-Mom. Nicht mal ansatzweise. Aber das bereitet mir weder Kopf- noch Bauchweh. Es ist okay. Ich hab meinen Frieden damit gemacht und suhle mich weder in Ärger über mich selbst noch in Neid auf andere. Lieber lenke ich meine Energie auf die Dinge, auf die es im Leben wirklich ankommt.

Denn das Wichtigste, das Allerwichtigste, was eine Mutter beherrschen sollte, das kann ich sehr wohl:

Ich liebe meine Kinder!

Und das zeige und sage ich ihnen auch. Jeden verdammten Tag. Selbst in ihren nie enden wollenden Trotzphasen. Sie sollen immer wissen, ihre Mami trägt sie im Herzen, ihre Mami ist da, ihre Mami passt auf sie auf, ihre Mami ist stolz auf sie, ihre Mami beschützt sie. Wie eine Löwin ihre Jungen.

Irgendwann einmal waren wir in so einer wanderzirkusähnlichen Hüpfeburgwelt. Völlig überteuert und mit etwas in die Jahre gekommenen Gummi-Attraktionen.

Egal, die Kids hatten Spaß. Plötzlich beobachtete ich, wie ein älteres Mädchen meinen Großen mit voller Absicht von der Dino-Hüpfeburg herunterschubste. Er fing sich gut ab, nicht viel war passiert. Dennoch marschierte ich mit dem bedrohlichsten Blick, den ich aufzusetzen in der Lage war, auf das Mädchen zu und hörte mich in völlig übertriebenem, scharfen Ton sagen: »Fräulein! Wenn ich das noch einmal sehe, gibt's echt Ärger. Riesenärger!« Sie zuckte zusammen und sah zu, dass sie Land gewann … Und ich dachte nur so bei mir: »Fräulein?!? … Wer bitte sagt denn heute noch Fräulein?« Aber zumindest hatte mein Gebrüll seine Wirkung nicht verfehlt. Die Raubtiermama hatte ihren Nachwuchs erfolgreich vor der vorpubertierenden Gefahr verteidigt.

Wen juckt es da, dass ich eine Niete am Herd, an der Häkelnadel und im Origami bin. Wenn es darauf ankommt, bin ich da. Aber mit Vollgas und Leidenschaft.

Ich bin eine super Trösterin und kann wunderbar auf Auas pusten und »Heile heile Segen« singen. Wenn auch etwas schief und mit Nonsens-Texten.

Mir wird es nie passieren, dass in unserem Haus keine Schokolade und kein Eis vorrätig sind. Bevor das eintritt, fahr ich sogar nachts noch an die Tanke, um unsere Schokodose aufzufüllen.

Ich kann prima Geschichten erfinden und erzählen. Wirf mir drei Stichworte hin und ich mache daraus ein Märchen, da können die Grimms einpacken. Und bei mir wird auch keiner erschossen. Nicht mal der blöde Wolf.

Ich mache jeden, na gut, fast jeden Quatsch mit. Zum Kindergeburtstag bin ich mir zum Beispiel nicht zu blöd, in ein Monsterkostüm zu schlüpfen und mit »Woah«-Rufen hinter den Kindern herzujapsen, bis sie alle über mich

herfallen und mein Rücken innerlich nach meiner Physio-
therapeutin schreit.

Ich kann sehr gut Zehen- und Fingernägel schneiden,
ohne dass es weh tut oder Blut fließt. Gleiches gilt fürs
Ponyschneiden. Auch wenn der danach noch schiefer ist
als die Nägel. Aber geheult hat dabei noch nie jemand.

Und ganz wichtig: Ich kann extrem gut und ausdau-
ernd mit meinen Kindern kuscheln.

Ich mache also einiges ganz gut – aber auch vieles
eben nicht. Weil ich es nicht kann oder weil ich es nicht
können möchte.

Und dennoch würde nicht mal Familienexperte Jesper
Juul an mir verzweifeln. Denn seiner Meinung nach gibt
es keine perfekten Eltern. O-Ton Juul: »Es gibt nicht einmal annähernd perfekte Eltern. Die besten Eltern machen
zwanzig Fehler pro Tag.«

Oder, wie ich, ein paar mehr. Das macht mich vielleicht
nicht zur besten Mutter, aber immer noch zu einer guten.
Und damit kann ich prima leben.

Und nun ist mir auch Herr Juul wieder sehr sympathisch.

Darauf einen Eierlikör! Im Schokowaffelbecher versteht
sich.

GESCHICHTEN VON VERWIRRTEN GROSSSTÄDTERN

Janine Wagner
Männer mit Dutt und andere Verhütungsmittel
144 Seiten, brosch.

Buch 12,– €
ISBN 978-3-359-01162-0

E-Book 8,99 €
ISBN 978-3-359-50086-5

Irren Sie herum wie ein Stadtneurotiker? Oder leiden Sie an Schleudertrauma durch Kopfschütteln? Denken Sie manchmal daran, lieber eine Kettensäge zu umarmen? Oder warum Sie damals im Sandkasten nicht einfach sitzen geblieben sind? In jedem Fall gilt: Nehmen Sie's mit Humor!

Janine Wagners teilnehmende satirische Beobachtung reicht von der Hochzeit in Jogginghose über Hipster mit Dutt bis hin zur Klobürste mit Facebook-Account.

In ihrem Buch »Männer mit Dutt und andere Verhütungsmittel« versammelt sie nun für alle großstädtischen Hipster und hilflosen Naivlinge von außerhalb lustige Trostworte, Anekdoten, Orientierungshilfen und Warnhinweise.

www.eulenspiegel.com

Eulenspiegel Verlag – eine Marke der
Eulenspiegel Verlagsgruppe Buchverlage

ISBN 978-3-359-01186-6

1. Auflage 2020

Umschlaggestaltung: Verlag, Karoline Grunske
Printed in EU

www.eulenspiegel.com